SILVIA PIMENTEL, BEATRIZ DI GIORGI E MARIA MENDES

Estereótipos de gênero II

Semente de Repertório: dos corredores e gabinetes aos processos judiciais

SILVIA PIMENTEL, BEATRIZ DI GIORGI E MARIA MENDES

Estereótipos de gênero II

Semente de Repertório: dos corredores e gabinetes aos processos judiciais

MATRIOSKA
EDITORA

Publisher–Editorial: Luciana Félix
Publisher–Comercial: Patrícia Melo
Revisão: Equipe Matrioska Editora
Editoração e capa: Thiago Ansel e Marcelo Correia
Imagem da capa: Konstantin Gerber

Matrioska Editora Atendimento e venda direta ao leitor:
www.matrioskaeditora.com.br
contato@matrioskaeditora.com.br
facebook.com/matrioskaeditora
instagram.com/matrioskaeditora

Dados Internacionais de Catalogação na Publicação (CIP)
(Câmara Brasileira do Livro, SP, Brasil)

Pimentel, Silvia
Estereótipos de gênero II : semente de repertório : dos corredores e gabinetes aos processos judiciais / Silvia Pimentel, Beatriz Di Giorgi, Maria Mendes. -- São Paulo : Matrioska Editora, 2024.

Bibliografia.
ISBN 978-65-84999-31-2

1. Direito das mulheres - Brasil 2. Discriminação contra mulheres 3. Feminismo 4. Gênero e sexualidade 5. Mulheres - Direitos I. Giorgi, Beatriz Di. II. Mendes, Maria. III. Título.

24-197841 CDU-34:396.2

Índices para catálogo sistemático:

1. Direitos das mulheres 34:396.2

Tábata Alves da Silva - Bibliotecária - CRB-8/9253

Impresso no Brasil 2024

“Quando os homens são oprimidos é uma tragédia, quando as mulheres são oprimidas é a tradição”
Letty Cottin Pogrebin

“(...) a sociedade brasileira é marcada por profundas desigualdades que impõem desvantagens sistemáticas e estruturais a determinados segmentos sociais, assim como sofre grande influência do patriarcado, que atribui às mulheres ideias, imagens sociais, preconceitos, estereótipos, posições e papéis sociais” – Protocolo para Julgamento com Perspectiva de Gênero, CNJ – ENFAM, 2021, p. 35.

SUMÁRIO

Agradecimentos

Agradecemos à Profª Drª Adriana Gregorut, que participou ativamente da pesquisa que fundamentou este trabalho e colaborou, principalmente, com o desenvolvimento da parte metodológica dela, mesmo em meio às mudanças decorrentes da sua defesa de doutorado e do nascimento de sua primeira filha, Helena.

Agradecemos também à Profª Drª Alice Bianchini[1], que prefaciou este pequeno livro e é uma

[1] Doutora em Direito Penal pela PUC/SP. Conselheira de Notório Saber do Conselho Nacional dos Direitos da Mulher – CNDM. Vice-Presidente da Associação Brasileira de

grande parceira, em aulas, conferências e livros, do Grupo de Pesquisa **Direito, Discriminação de Gênero e Igualdade,** da Pontifícia Universidade Católica de São Paulo. Nesta Semente de Repertório, em especial, suas colaborações, enquanto amiga e enquanto integrante da Conversa Qualificada que realizamos para discutir os resultados preliminares da nossa pesquisa, foram de grande importância.

Também participaram da Conversa Qualificada o Prof. Dr. Fabio Mariano[2], o jornalista, roteirista

---

Mulheres de Carreiras Jurídicas - ABMCJ. Coordenadora da Pós-Graduação em Direito das Mulheres do www.meucurso.com.br, junto com a Profª Silvia Pimentel. Autora, dentre outros, do livro Feminismo(s), 2021, em coautoria com Silvia Pimentel.

[2] Possui graduação em Direito pela Pontifícia Universidade Católica de São Paulo (2001), mestrado em Direito pela Pontifícia Universidade Católica de São Paulo (2007) e doutorado em Ciências Sociais pela Pontifícia Universidade Católica de São Paulo (2019). Secretário-Geral da reitoria da Pontifícia Universidade Católica de São Paulo. Professor e membro do Grupo de Pesquisa Inanna - PUC-SP, atua com os seguintes temas: Direito e Gênero, Masculinidades Contemporâneas, Teorias da Diferença e o Comum.

e curador de museus, Marcelo Macca[3], e a Profª Drª Nina Ranieri[4]. Aos três agradecemos profundamente pelas diferentes contribuições e perspectivas sobre o nosso trabalho.

---

[3] Trabalhou na Folha de São Paulo e na Editora Abril. Criou roteiros para séries documentais, como Florestabilidade (2012, TV Futura), Galáxias (2014, SescTV) e A cidade no Brasil (2019, SescTV). Tem participado de equipes de criação de vários museus no país, tais como: Museu da Língua Portuguesa, em São Paulo (tanto em sua inauguração, em 2006, quanto em sua renovação, em 2021); Museu do Homem Americano (2007), no Piauí; Cais do Sertão (2013), em Recife; Museu do Amanhã (2015), no Rio de Janeiro; Museu de Valores do Banco Central (2022), em Brasília. Em 2022, foi curador-adjunto da exposição Utopia Brasileira - Darcy Ribeiro 100 anos, no Sesc 24 de maio, em São Paulo.

[4] Professora Associada do Departamento de Direito do Estado da Faculdade de Direito da USP. Coordenadora da Cátedra Unesco de Direito à Educação. Responsável pela disciplina Direito e Equidade de Gênero, na graduação e na pós-graduação.

Agradecemos, também, à Camila Batista[5], grande amiga e jovem feminista, que nos ajudou na revisão final do texto.

Agradecemos especialmente pela colaboração da Drª Ana Luisa Porto Borges, da Drª. Anna Candida Alves Pinto Serrano, da Drª Carolina Rangel Nogueira, da Drª Jamila Jorge Ferrari, da Drª. Maria Isabel Davidoff Enge, da Drª. Paula Sant'Anna Machado de Souza, da Drª Silvia Chakian de Toledo Santos e da Drª Teresa Cristina Cabral Santana. Essas oito mulheres foram essenciais para que obtivéssemos, com nossa pesquisa, resultados robustos.

Por fim, agradecemos ao Programa de Incentivo à Pesquisa da PUC-SP, e à Pontifícia Universidade Católica de São Paulo, pelo apoio e financiamento da pesquisa que impulsionou este trabalho.

---

[5] Advogada, graduada e mestre pela Faculdade de Direito da PUC-SP. Consultora e ativista em direitos humanos. Diretora da Migraflix. Fellow da Fundação BMW, Opportunity Collaboration e CERC in Migration and Integration, da Toronto Metropolitan University.

PROFª DRª ALICE BIANCHINI

Prefácio

Com base em formulário elaborado pelas autoras, e por elas aplicado a uma amostra de agentes do sistema de justiça do Estado de São Paulo, Silvia Pimentel, Beatriz di Giorgi e Maria Mendes sistematizam as respostas (inspiradas em Flavio Di Giorgi, segundo o qual a "linguagem é viva e uma construção coletiva") e apresentam para nós, leitoras/es, um livro que escancara os estereótipos de gênero presentes no sistema de justiça, desde corredores e gabinetes, chegando até aos processos judiciais.

O resultado da pesquisa é um repertório (designado pelas autoras como semente de repertório) de palavras, expressões e atitudes que surgiram nas respostas às entrevistas e que representam "estereótipos, discriminações e preconceitos, em relação a gênero e raça, presentes na legislação, jurisprudência e doutrina, como também, informalmente, nas interlocuções, presentes em ambientes jurídicos, por agentes do sistema de justiça".

A leitura do presente livro, "ESTEREÓTIPOS DE GÊNERO II – Semente de repertório: dos corredores e gabinetes aos processos judiciais", leva-

-nos a olhar para dentro, a nos confrontar com nossos preconceitos e discriminações de gênero. Vemos desfilar, na obra, colhidos das pessoas entrevistadas na pesquisa (porque vivenciaram, presenciaram ou ouviram falar), concepções preconceituosas/discriminatórias e comportamentos fundados em entendimentos obsoletos. E quanto disso tudo nos lembra coisas que já falamos, fizemos ou experenciamos, alertando-nos do quanto ainda há por falar e fazer, para que com eles não tenhamos mais que conviver?

O livro, por nos apresentar formas de pensar, de viver e de sobreviver das/os entrevistadas/os, nos desafia, a cada página, a exercitar esforços de desconstrução/reconstrução de paradigmas, que possam ser traduzidos em modos igualitários de viver a vida.

Ou seja, ao mesmo tempo que reconhecemos nossos preconceitos e discriminações de gênero em diversas falas trazidas pelas/os entrevistadas/os, também percebemos que é imperativo nos esforçarmos para rever tradições que sustentam crenças consubstanciadas em atitudes que fazem mal às mulheres, porque as violentam, discriminam, oprimem e criam injustiças e estereótipos de gênero.

As próprias autoras acentuam que o repertório apresentado no livro "pretende ser um convite à reflexão sobre modos de dizer que expressam e perpetuam estereótipos, preconceitos e discriminações". Para que o objetivo possa ser atingido, contudo, faz-se necessário sensibilizar e conscientizar homens e mulheres, de forma que, como mencionam as autoras, "tornem-se também capazes de identificar a ocorrência de estereótipos, se abstendo de repeti-los, inclusive intervindo criticamente quando presenciam situações discriminatórias".

A obra tem uma peculiaridade que a torna ainda mais especial: o encontro de gerações. Ela é escrita pela Professora Doutora Silvia Pimentel (atua e escreve sobre os direitos das mulheres, desde a década de 1970, quando do nascimento do feminismo em nosso país), juntamente com duas alunas suas. Uma de mais tempo, Beatriz di Giorgi (advogada, mediadora e poeta); outra mais atual, Maria Mendes (recém-mestranda e feminista desde que se conhece como gente, como ela mesma costuma, orgulhosamente, dizer). Contou, ademais, com a participação especial de Adriana Gregorut (recém-doutora que sorveu do conhecimento e da experiência de feministas como Silvia Pimentel, e que acaba de gerar uma filha a qual, não tenho dúvida, receberá da mãe noções sobre a condição feminina que gerações anteriores não puderam ter).

Sou muito grata a essas mulheres que se empenharam em elaborar e aplicar uma pesquisa tão valiosa, cujos excelentes resultados tornaram-se públicos, agora, por meio do presente livro.

As/os leitoras/es podem esperar mais do que acesso aos dados bem-organizados e à exposição cadenciada do produto da pesquisa. O livro nos provoca, nos indigna, contudo, não nos desanima. Ao contrário. Ao mostrar o quanto o sistema de justiça é machista, sexista, homofóbico, racista, etarista e capacitista, nos desafia a nos esforçarmos a não fazer parte, nem mesmo com o silêncio cúmplice, dessas engrenagens que violentam, discriminam, oprimem, desprezam e desvalorizam tantas pessoas, especialmente as mulheres.

Nas conclusões da obra, as autoras confidenciam que a pesquisa "revela a persistência de desafios e resistências que se manifestam, inclusive nas práticas cotidianas – dos corredores e gabinetes – dos Tribunais, das instituições do sistema de justiça, escritórios de advocacia, mas também [e isso talvez seja o mais grave] nas salas de aula dos cursos de direito", o que me fez lembrar da célebre frase de Angela Davis: "Não aceito mais as coisas que não posso mudar, estou mudando as coisas que não posso aceitar".

Todavia, para a realização de mudanças, primeiro, precisamos da consciência acerca da opressão, da injustiça, do preconceito, da discriminação, do injusto, enfim. O presente livro dá pistas (e sugere caminhos) para se alcançar o entendimento do modo de pensar feminista. E, ao alcançá-lo, retroceder não será uma opção. Ao compreendê-lo, esclarecido e civilizatório que é, o retorno aos jeitos tacanhos não mais será desejável, pois seria laborar contra o esclarecimento da civilização. Já "queimamos nossos navios" (ou, se preferirem, nossos sutiãs)!

1. Introdução

Conforme Alda Facio, "o poder da palavra é o poder de escolher os valores que guiarão a uma determinada sociedade e, ainda mais, é o poder de criar uma determinada realidade"[6].

A escolha do tema desta investigação não se deve ao acaso, é fruto do nosso compromisso existencial de lutar contra todas as formas de discriminação e de violência de gênero contra as mulheres, por sua imprescindibilidade à realização da justiça.

No entanto, antes de apresentar os resultados do presente trabalho, vale relatar a gênese da pesquisa realizada para que leitoras e leitores possam se apropriar e compreender a natureza do caminho escolhido e trilhado pelas autoras.

A proposta inicial surgiu de uma inquietação antiga sobre a capacidade dos esteriótipos de distorcer percepções e de uma grande vontade de ampliar recursos para transformar formas injustas de organização social não alinhadas aos princí-

---

[6] FACIO, Alda, 1992, p. 21.

pios democráticos consagrados na Constituição Federal de 1988. Mudanças profundas e perenes na sociedade exigem mudanças estruturais, inclusive na linguagem, enquanto ferramenta de expressão e compreensão da realidade.

Há pressupostos filosóficos, teóricos e normativos internacionais que são verdadeiros faróis a iluminar a busca de estratégias para superar a gritante iniquidade de gênero arraigada na cultura patriarcal.

Um dos grandes marcos do pensamento da filósofa feminista Simone de Beauvoir, em "O Segundo Sexo", foi a antológica frase: "ninguém nasce mulher; torna-se mulher"[7], ou seja, o que se considera homem ou mulher é construído socialmente, a partir dos padrões culturais.

> "Nenhum destino biológico, psíquico, econômico define a forma que a fêmea humana assume no seio da sociedade;

---

[7] BEAUVOIR, Simone, 2016, p. 11.

> é o conjunto da civilização que elabora esse produto intermediário entre o macho e o castrado que qualificam de feminino. Somente a mediação de outrem pode constituir um indivíduo como um Outro."[8]

Historicamente, a construção do ser mulher tem sido feita a partir do masculino, conforme aponta Rose Marie Muraro, "o homem é autônomo e a mulher é reflexa"[9]. Da Grécia Antiga até o Iluminismo, a Medicina entendia que só existia um sexo: o masculino, sendo a mulher um homem incompleto, imperfeito ou invertido. Foi apenas no Século XIX que o monismo deu lugar ao dualismo sexual, deixando a mulher de ser o homem-invertido, mas passando a ser o inverso do homem[10].

O sexo masculino tem sido considerado o "modelo do humano". E, portanto, o Direito, enquanto

---

[8] BEAUVOIR, Simone, 2016, p. 11.

[9] MURARO, Rose Marie, 2009, p. 11.

[10] CHAKIAN, Silvia, 2019, p. 17.

construção de determinadas épocas e culturas, reflete a desigualdade fática entre os sexos, convertendo a diferença sexual em desigual tratamento legal[11].

Nas teorias e metodologias clássicas do Direito, prevalece a referência masculina, de forma que, com o tempo, se fez necessária uma teoria crítica feminista que buscou incluir as mulheres, enquanto titulares de direitos e deveres, em plena igualdade com os homens. As feministas passam a "fazer o direito", usando, além da metodologia tradicional, outros métodos para "revelar aspectos de uma disputa jurídica que as abordagens mais tradicionais tendem a negligenciar ou suprimir".[12]

Trata-se do processo denominado, por Norberto Bobbio, especificação do sujeito de direito, a partir do qual os indivíduos deixam de ser tratados de forma genérica, geral e abstrata e passam a ser vistos em suas peculiaridades e

---

11 FACIO, Alda; FRIES, Lorena,1999.

12 BARLETT, Katherine, 2020, p. 250.

particularidades.

> "Essa especificação ocorreu com relação seja ao gênero, seja às várias fases da vida, seja à diferença entre estado normal e estados excepcionais na existência humana. Com relação ao gênero, foram cada vez mais reconhecidas as diferenças específicas entre a mulher e o homem"[13].

Tal processo parte do entendimento de que "determinados sujeitos de direito, ou determinadas violações de direitos, exigem uma resposta específica, diferenciada"[14].

No que se refere aos Direitos Humanos, o processo de especificação se deu de maneira ainda mais acentuada nas últimas décadas. "Todo conceito tem um nível de abstração e generalidade que será, maior ou menor, na medida em que for fruto da ação prática e for constantemente

---

[13] BOBBIO, Noberto, 2004, p. 31.

[14] PIOVESAN, Flávia, 2017, p. 402.

a ela submetido"[15]. Assim, na medida em que foram sendo demandados ou exigidos, os Direitos Humanos foram construídos, reinterpretados e redefinidos.

Em relação às mulheres, há dois grandes marcos normativos da absorção, pelos Direitos Humanos, de suas necessidades e reivindicações das mulheres: a Convenção para Eliminação de Todas as Formas de Discriminação contra as Mulheres (CEDAW), da Organização das Nações Unidas (ONU), criada em 1979; e a Convenção Interamericana para Prevenir, Punir e Erradicar a Violência Contra a Mulher, "Convenção de Belém do Pará", da Organização dos Estados Americanos (OEA), de 1994.

Por se tratar de tratados internacionais de direitos humanos, as normas de ambas as convenções têm, no Brasil, caráter de norma constitucional. Isso porque a Constituição Federal de 1988, enquanto "marco jurídico da institucionalização dos direitos humanos e da transição

---

[15] PIMENTEL, Silvia, 2020. p. 21.

democrática do país" que "consagra o primado do respeito aos direitos humanos como paradigma propugnado para a ordem internacional", estabeleceu um regime diferenciado à luz do qual tratados de direitos humanos são incorporados automaticamente pelo direito brasileiro e passam a apresentar status de norma constitucional[16]. Assim, ambos tiveram impacto direto na legislação brasileira.

A Convenção Sobre Todas as Formas de Discriminação Contra a Mulher, a Convenção CEDAW, ONU, de 1979, destaca, em seu artigo 5º, que

> "os Estados-Partes tomarão todas as medidas apropriadas para modificar os padrões sociais e culturais de conduta de homens e mulheres, com vistas a eliminar preconceitos, bem como costumes e todas as outras práticas que estão baseadas na ideia de inferioridade ou superioridade de quaisquer um dos sexos".

Os padrões sociais e culturais do patriarcado

---

[16] PIOVESAN, Flávia, 2017, p. 97.

causam dor e sofrimento, representando violência de gênero contra as mulheres. Assim, devem ser especificamente referenciados, conforme expressa o item II-9 da Recomendação Geral 35 do Comitê CEDAW ONU, de 2017, que atualiza a RG 19, de 1992:

> "9. O conceito de 'violência contra as mulheres', como definido na Recomendação Geral nº19 e em outros instrumentos e documentos internacionais, enfatiza o fato de que tal violência é baseada no gênero. Adequadamente, na presente recomendação, a expressão 'violência de gênero contra as mulheres´ é usada como um termo mais preciso, que torna explícitas as causas que se baseiam no gênero e os impactos da violência. **Essa expressão fortalece a compreensão dessa violência como um problema social e não individual, requerendo respostas abrangentes, para além de eventos específicos, agressores individuais e vítimas/sobreviventes.**" (grifo nosso).

Toda escolha linguística tem o poder de fortalecer ou enfraquecer uma percepção social, por isso, não é sem razão que a Recomendação Geral 33, de 2015, do Comitê CEDAW, sobre o Acesso das Mulheres à Justiça, escolhe dedicar um capítulo para tratar da educação e conscientização sobre o impacto de estereótipos de gênero: "os estereótipos distorcem percepções e resultam em decisões baseadas em crenças e mitos preconcebidos em vez de fatos relevantes", e, assim, "afetam a credibilidade dada às vozes, aos argumentos e depoimentos das mulheres".

Esses estereótipos, que estão amplamente difundidos na sociedade, são aplicados e reforçados não só por juízes, magistrados e árbitros, mas por todos os operadores do Direito e, por isso, ao permear a investigação e todo o processo, moldam o julgamento final. "Estereótipos, preconceitos e discriminações de gênero estão presentes na nossa cultura e profundamente inculcados na (in)consciências dos indivíduos; são, portanto, absorvidos também pelos operadores do direito e refletidos em sua práxis jurídica"[17].

---

17 PIMENTEL, Silvia; SCHRITZMEYER, Ana Lúcia; PAD-

Em face disso, a eliminação dos estereótipos no sistema de justiça é posta como um passo crucial para garantir o acesso das mulheres à justiça.

O Comitê CEDAW reforça o papel de uma educação transformadora para eliminar os estereótipos de gênero. São recomendados programas de capacitação para juízes, promotores, advogados e funcionários encarregados de fazer cumprir a lei, que tratem da aplicação dos instrumentos jurídicos internacionais relacionados aos direitos humanos, bem como de legislação nacional que proíba a discriminação contra as mulheres (Parágrafo 29, f). Também é indicado que os Estados promovam a conscientização e capacitação dos agentes do sistema de justiça e dos estudantes de direito para eliminar os estereótipos de gênero e incorporar a perspectiva de gênero (Parágrafo 29, a). Ademais, enfatiza o papel da perspectiva de gênero na educação básica para que toda a sociedade possa ser afetada de forma estrutural, promovendo a modificação dos padrões sociais e culturais, a fim de eliminar

---

JIARJIAN, Valéria, 1998, p. 203.

preconceitos, transformar costumes e substituir todas as outras práticas que estão baseadas na ideia da inferioridade ou da superioridade de quaisquer um dos sexos (Parágrafos 30 e 31).

Em suma, a Recomendação Geral 33, do Comitê CEDAW ressalta o impacto dos estereótipos e preconceitos de gênero no sistema de justiça e destaca que, para enfrentar essa problemática, a educação com perspectiva de gênero é o caminho mais eficiente. Vale reproduzir alguns dos parágrafos da RG 33:

> "Parágrafo 29. Adotem medidas, incluindo programas de conscientização e capacitação a todos os agentes do sistema de justiça e estudantes de direito, para eliminar os estereótipos de gênero e incorporar a perspectiva de gênero em todos os aspectos do sistema de justiça;
>
> Parágrafo 30. A educação a partir de uma perspectiva de gênero e a conscientização pública através da sociedade civil, da mídia e do uso das TICs são essenciais para superar as múltiplas

formas de discriminação e os estereótipos que têm impacto sobre o acesso à justiça, e também para assegurar a eficácia e eficiência da justiça para todas as mulheres."

A partir de longa experiência acadêmica e prática feminista das autoras, afirmarmos que o uso de termos e expressões de caráter patriarcal e machista tem colaborado, sobremaneira, para a perpetuação e a manutenção das discriminações não apenas intersubjetivas, mas também aquelas estruturais e estruturantes.

Hoje, após cinquenta anos da década de 1970, que representa marco histórico no feminismo brasileiro, observa-se um fortalecimento crescente das pautas de gênero e identitárias, que vêm ganhando relevância na sociedade como um todo, incluindo o mundo jurídico.

É perceptível que as mentalidades e/ou a linguagem estão se transformando: expressões que antes eram naturalizadas, hoje são tidas como inaceitáveis, sendo, por vezes, causas de revisões linguísticas e até de tipificações criminais. Essas mudanças, muitas vezes, vêm acompanhadas de resistência, combate e confusão.

Daí, constata-se a relevância de investigações acadêmicas que contribuam profundamente para revelar novas possibilidades de reconstrução, através da linguagem, de uma realidade fática caracterizada pela opressão de gênero, raça, classe, identidade e orientação sexual, deficiência, intergeneracionalidade, entre outras.

Alguns termos e expressões corriqueiramente usados nos universos teórico e prático do Direito são vetores da lógica de manutenção da desigualdade, que se contrapõem aos princípios de equidade e justiça. A violência simbólica se dá, predominantemente, pelo uso da linguagem que exclui, discrimina e oprime.

Pierre Bourdieu e Jean-Claude Passeron, dois grandes sociólogos franceses, se debruçaram sobre o conceito de violência simbólica com o objetivo de descrever o processo de consolidação e manutenção de certos valores estruturais[18] A violência simbólica, como o próprio nome diz, se manifesta através dos símbolos, sobretudo da linguagem. É uma violência disfarçada, mascarada e sutil. Serve a microagressões recorrentes e causa sofrimento, inclusive por reverberar na constituição da autoimagem da pessoa a quem é dirigida esse tipo de violência.

Assim, considerando que, embora sejam significativos os avanços legais conquistados pelo movimento de mulheres, no que concerne à igualdade de gênero no Brasil, ainda é evidente a persistência de estereótipos, preconceitos e discriminações de gênero, potencializados em sua interseccionalidade com outros eixos de opressão. Há uma perversa lógica excludente presente na sociedade brasileira e, por suposto, no sistema de justiça brasileiro.

Precisamente nesse contexto, a análise da linguagem que reproduz desigualdades nos parece urgente. Analisando as dinâmicas de poder nas relações

---

[18] BOURDIEU, Pierre; PASSERON, Jean-Claude, 2014.

de gênero, evidenciar discursos e narrativas do cotidiano dos profissionais do Direito poderá contribuir decisivamente para melhores identificação e compreensão dos estereótipos, preconceitos e discriminações de gênero presentes no interior dos processos do sistema de justiça. Além disso, é essencial que essa melhor compreensão enseje a construção de estratégias transdisciplinares que contribuam para superação desse fenômeno.

É notável a recente decisão da Corte Interamericana de Direitos Humanos, precipuamente embasada na Convenção Interamericana para Prevenir, Punir e Erradicar a Violência contra a Mulher, de 1994, "Convenção de Belém do Pará", no chamado CASO BARBOSA DE SOUZA E OUTROS VS. BRASIL, de 7 de setembro de 2021, ao julgar o feminicídio de Márcia Barbosa, ocorrido em 1998:

> "Em particular, a Corte reconheceu que os preconceitos pessoais e os estereótipos de gênero afetam a objetividade dos funcionários estatais encarregados de investigar as denúncias que lhes são apresentadas, influindo em sua percepção para determinar se ocorreu

> ou não um fato de violência, em sua avaliação da credibilidade das testemunhas e da própria vítima. Os estereótipos ´distorcem as percepções e dão lugar a decisões baseadas em crenças preconcebidas e mitos, em lugar de fatos´, o que por sua vez pode dar lugar à denegação de justiça, incluindo a revitimização das denunciantes."

Essa decisão é emblemática, pois, pela primeira vez, a Corte Interamericana de Direitos Humanos proferiu uma decisão que responsabilizou o Brasil por discriminação no acesso à Justiça, por deixar de investigar e julgar a partir da perspectiva de gênero e pela utilização de estereótipos de gênero em relação à vítima.

O tema é tão pertinente, que identificamos outras pesquisas acadêmicas investigando-o – inclusive em outras áreas –, como a pesquisa "Género y Campañas Electorales en América Latina: un análisis del discurso femenino en la propaganda televisiva". Através de pesquisa empírica, o trabalho analisou a forma como estereótipos de gênero impactam as estratégias discursivas e comunicacionais de mulheres candidatas a partir das campanhas vitoriosas de presidentas latino-americanas – Michele Bachelet, no Chile, em 2013; Dilma Rousseff, no Brasil, em 2010; e Cristina Kirchner, na Argentina, em 2011. O estudo teve uma repercusão bastante interessante, tendo sido premiado pela Asociación Latinoamericana de Investigadores en Campañas Electorales (Alice), em 2020.

A ideia inicial de nosso estudo foi a de elaborar um rol exemplificativo, sistematizando um repertório de palavras, expressões e gestos que representem estereótipos, discriminações e preconceitos, em relação a gênero e raça, presentes na legislação, jurisprudência e doutrina, como também, informalmente, nas interlocuções, presentes em ambientes jurídicos, por agentes do sistema de justiça.

O repertório alcançado - que no final denominamos semente de repertório[19] -, pretende ser um convite à reflexão sobre modos de dizer que expressam e perpetuam estereótipos, preconceitos e discriminações. Assim, o que visamos é ensejar reflexões que permitam transformar formas de dizer que agridem e excluem.

O método de criação deste trabalho se inspirou na afirmativa do Professor Flávio Di Giorgi (1930-2012) de que a "linguagem é viva e uma construção coletiva".

Foram elaborados formulários para serem respondidos pelo conjunto de professores da Faculdade de Direito da PUC-SP e por representantes de cada uma das seguintes instituições de justiça do Estado de São Paulo: Magistratura, Ministério Público, Procuradorias Estadual e Municipal, Defensoria Pública, Delegacias de Polícia e OAB.

[19] Semente: tudo que se lança à terra para germinar, conforme o Dicionário *Oxford*.

No entanto, antes de submeter os formulários[20] a todas e todos os profissionais de Direito escolhidos, o primeiro movimento foi o de agendar reuniões presenciais com os chefes dos seis departamentos da Faculdade de Direito da PUC-SP e com as seis representantes das instituições jurídicas supramencionadas, com notório envolvimento com a questão relativa à discriminação por gênero. Para assegurar a construção coletiva do repertório almejado, junto a essas pessoas, realizamos uma leitura coletiva da primeira versão do formulário e aperfeiçoamos as perguntas, mediante sugestões e consensos. A elas solicitamos, também, que estimulassem seus pares a que participassem do projeto.

Foi concluído o formulário de modo participativo com duas versões - uma para os professores da PUC SP e outra para os representantes das instituições jurídicas - com mínimas e sutis

[20] Os formulários aplicados estão disponíveis em um Drive, que pode ser acessado através do QR Code disponível ao final deste livro, onde o leitor poderá encontrar todos os anexos.

diferenças para atender ao perfil institucional de quem os responderia. Eis as questões do formulário, cuja versão final é, portanto, o resultado de uma interlocução qualificada

Recebidas as respostas dos formulários, com base no método indutivo da teoria fundamentada de dados (TFD), nos debruçamos sobre cada resposta dada e, a partir delas, elaboramos, durante o estudo, a coletânea de verbetes, organizados, inicialmente, em 10 categorias, que foram agrupadas e transaformadas em apenas 4.

A TFD é uma metodologia desenvolvida por Glaser e Straus[21], cujo objetivo é, em contraposição às abordagens hipotético-dedutivas, a construção de uma teoria por meio da extração e sistematização de categorias a partir de um determinado conjunto de dados. Trata-se, assim, de abordagem indutiva de pesquisa, que envolve a análise e a reanálise constante dos dados, a partir de uma postura crítica, que elabora categorias

[21] GLASER, Barney; STRAUSS, Anselm, 2006.

teóricas segundo uma determinada leitura do corpo empírico da pesquisa.

As principais regras da TFD determinam que as categorias não podem ser "forçadas" sobre os dados, mas devem emergir a partir do processo de análise do campo empírico; e que o pesquisador deve possuir uma sensibilidade teórica, o que significa que deve ter condições de enxergar e identificar dados relevantes e refletir criticamente sobre eles.

A formulação das categorias envolve um procedimento metodológico definido, o que garante o fundamento para a teoria a ser desenvolvida a partir delas. Esse procedimento é composto por operações de constante comparação dos dados e das categorias que vão sendo criadas a partir da análise - nesse sentido, os dados são comparados e vão sendo categorizados uns com os outros e com aqueles que ainda não foram codificados. Nesse processo, as categorias antes elaboradas podem ser reformuladas e os dados rearranjados entre elas, até a obtenção de uma sistematização final, que será a base da teorização. Conforme afirma Cappi[22], trata-se de "um procedimento de tipo circular, em que se passa continuamente dos dados aos conceitos, e vice-versa, sem ser possível separar claramente as duas operações em constante interação".

Deve-se ressaltar que esse procedimento é realizado tendo como pano de fundo o arcabouço teórico das pesquisadoras e permitiu encontrar dados relevantes e formular categorias e relações entre elas. Em nosso caso, foi valiosa nossa experiência prévia em pesquisa na área dos estereótipos de gênero no sistema de justiça para conseguir identificar, na base de dados obtida, aqueles que são mais relevantes, bem como formular códigos para os dados e agrupá-los em categorias. O processo de formulação dessas categorias será mais bem delineado posteriormente.

Como nenhuma categorização é perfeita e completa, conforme afirmava o linguista Flávio Di Giorgi, a divisão temática escolhida certamente

22 CAPPI, Ricardo, 2017, p. 84.

possui entrelaçamentos entre as categorias, sugerindo, assim, a possibilidade de construção de novas conexões.

No decorrer do processo de pesquisa, avaliamos que o instrumento de coleta utilizado ensejou respostas muito interessantes sobre a linguagem cotidiana e informal dos operadores do Direito. No entanto, visto que o projeto pretendia, também, encontrar expressões presentes na legislação, jurisprudência e doutrina jurídica, vale ressaltar que os partícipes da pesquisa reconheceram, em sua maioria, que esse tipo de discriminação existe, embora, minimamente, tenham apontado expressões a esse respeito em suas respostas.

Elaboramos algumas hipóteses que explicariam esse fato: a) trata-se de uma pesquisa a *priori* feminista, o que é pouco simpático para algumas pessoas; b) a utilização de um formulário online, geralmente usado para pesquisas rápidas, talvez tenha sido inadequado para a coleta de conteúdos discriminatórios presentes na legislação, jurisprudência e doutrina; c) como aos profissionais do Direito, geralmente se exigem comportamentos discretos e mais conservadores do que em outras profissões, indicar expressões, termos e narrativas coloquiais em um formulário de pesquisa pode ter causado estranheza e até certa precaução quanto a uma autoexposição.

O que mais apareceu foram falas informais do dia a dia, presenciadas ou mesmo dirigidas aos próprios agentes qualificados desta pesquisa. As expressões colhidas traduzem, inequivocamente, padrões de valores e de conduta patriarcais e misóginos de vários operadores do Direito, em desconformidade com os valores constitucionais e convencionais do Direito brasileiro.

A seguir, apresentaremos 4 conceitos-chave que embasam a análise interseccional do presente estudo.

2. Breves linhas sobre conceitos básicos deste estudo

Embasa o presente trabalho a preocupação de realizar análise interseccional que compreende as relações de discriminação de gênero, advindas do sistema patriarcal e alimentadas pelo capitalismo, com outros eixos de dominação e exloração, especialmente com o racismo, o classismo e a LGBTfobia. Aqui, faremos uma breve conceituação dessas quatro formas de opressão.

a. Patriarcado: na definição feminista, é como chamamos o sistema de dominação-exploração das mulheres, que as subordina aos homens, que se sustenta na ideologia de supremacia masculina, a qual chamamos de machismo.

> "A definição sugere que homens têm o poder em todas as instituições importantes da sociedade e que mulheres são privadas de acesso a esse poder. Mas não significa que as mulheres sejam totalmente impotentes ou privadas de direitos, influência e recursos."[23]

Gerda Lerner chama a atenção para a domi-

---

[23] LERNER, Gerda, 2021, p. 290.

nação paternalista, enquanto um conjunto de relações patriarcais, na qual, historicamente, as mulheres trocam sua submissão por proteção e o trabalho não remunerado pelo sustento. O patriarcado, contudo,

> "não se resume a um sistema de dominação, modelado pela ideologia machista. Mais do que isto, ele é também um sistema de exploração. Enquanto a dominação pode, para efeitos de análise, ser situada essencialmente nos campos político e ideológico, a exploração diz respeito diretamente ao terreno econômico"[24].

A dominação patriarcal é mais antiga do que a Antiguidade clássica, e não terminou no século XIX, quando as mulheres começaram a ter seus direitos civis outorgados (LERNER, Gerda, 2021, p. 289). Ela foi remodelada pelo capitalismo, estando fundida com as opressões de classe e raça, para garantir o sucesso desse sistema econômico.

---

[24] SAFFIOTI, Heleieth, 1987, p. 50.

b. Gênero: é conceito relativo aos contextos social e cultural, representa conceito histórico e dinâmico, com vários conteúdos e significados,

> "é a definição cultural de comportamento definido como apropriado aos sexos em dada sociedade, em determinada época. (...) É uma fantasia, uma máscara, uma camisa de força com a qual homens e mulheres dançam sua dança desigual".[25]

Diferencia-se de "sexo", apesar da constante confusão em discursos acadêmicos e na mídia, porque ele se refere às diferenças anatômicas e fisiológicas que definem o corpo humano[26].

A relação entre os conceitos de sexo e gênero foi apontada por Gayle Rubin, a partir da ideia de um "sistema sexo/gênero", enaquanto uma "série de arranjos pelos quais uma sociedade transforma a sexualidade biológica em produtos

---

[25] LERNER, Gerda, 2021, p. 289.

[26] GIDDENS, Anthony, 2008, p. 109.

da atividade humana, e nos quais essas necessidades sexuais transformadas são satisfeitas"[27]. Ou seja, "refere-se ao sistema institucionalizado que distribui recursos, propriedade e privilégios a pessoas de acordo com papeis de gênero definidos culturalmente".[28]

c. Racismo: refere-se ao sistema de opressão baseado na raça enquanto "uma forma de classificação social, baseada numa atitude negativa frente a certos grupos sociais"[29]. No Brasil, o racismo é crime, tipificado pela Lei 7.716, de 1989, que define discriminação racial como

> "qualquer atitude ou tratamento dado à pessoa ou a grupos minoritários que cause constrangimento, humilhação, vergonha, medo ou exposição indevida, e que usualmente não se dispensaria a outros grupos em razão da cor, etnia, religião ou procedência" (art. 20-C).

---

[27] RUBIN, Gayle, 1975, p. 3.

[28] LERNER, Gerda, 2021, p. 289.

[29] CARNEIRO, Sueli. 2023, p. 21.

Enquanto sistema de exploração e dominação, o racismo é muito mais complexo. Silvio Almeida o descreve em três concepções: individualista, institucional e estrutural.

Na concepção individualista, o racismo é tratado como "uma espécie de 'patologia' ou anormalidade, (...) um fenômeno ético ou psicológico de caráter individual ou coletivo, atribuído a grupos isolados", "uma 'irracionalidade'"[30]. Já o racismo institucional, se refere ao "resultado do funcionamento das instituições, que passam a atuar em uma dinâmica que confere, ainda que indiretamente, desvantagens e privilégios com base na raça"[31]. Por fim, a concepção estrutural, que melhor contempla a complexidade do racismo, entende que este "é uma decorrência da própria estrutura social, ou seja, do modo 'normal' com que se constituem as relações políticas, econômicas, jurídicas e até familiares, não sendo uma patologia social e nem um

[30] ALMEIDA, Silvio, 2020, p. 36.

[31] ALMEIDA. Silvio, p. 38.

desarranjo institucional"[32].

Compreender o racismo, enquanto feministas, é fundamental para que possamos realizar análises interseccionais. As mulheres não brancas, especialmente, no Brasil, as negras e indígenas, são atravessadas pelo racismo e pelo patriarcado, de forma que estão sujeitas a violências por serem mulheres, por não serem brancas e por serem mulheres não brancas[33]. Ignorar o entrelaçamento entre racismo e patriarcado é tratar somente as demandas de mulheres brancas como legítimas, excluindo do debate graves experiências de exclusão e discriminação de outras mulheres.

d. Classismo: "a população brasileira, assim como todas as que vivem sob o regime capitalista, está dividida em classes sociais"[34]. Heleieth Saffioti destaca que as classes dominantes,

---

32 ALMEIDA, Silvio, p. 50.

33 MELLO, Simeia In. PIMENTEL, Silvia; BIANCHINI, Alice, 2021.

34 SAFFIOTI, Heleieth, 1987, p. 76.

ainda que não sejam homogêneas - existe a burguesia financeira, a industrial, a agrária, e outras -, dominam econômica e politicamente e, assim, exploram as classes subalternas. Já as classes dominadas são constituídas por trabalhadores de diferentes graus de qualificação, mas que são dominados e explorados ao venderem sua força de trabalho em troca de uma parcela daquilo que produzem, que é pequena, mas essencial para sua sobrevivência.

A manutenção dessa divisão social é essencial para o regime capitalista. Ela se dá pela valorização daqueles que pertencem às classes dominantes, tratando-os como aqueles que "venceram na vida", e pela promessa de uma ascensão social que, na verdade, só ocorre esporadicamente. Daí surge o preconceito de classe: ter dinheiro representa uma virtude e a falta dele é sinal de incompetência e preguiça. O combate à pobreza é feito apenas na esfera individual, sem atingir as raízes da má distribuição de renda e, assim, os ricos ficam mais ricos e os pobres, mais pobres.

A expressão máxima dessa forma de opressão é a aporofobia, termo cunhado pela filósofa Adela Cortina, em 1990, no livro "Aporofobia: a aversão ao pobre, um desafio para a democracia para se referir ao ódio ou aversão às pessoas em situação de miséria". É o que ocorre, por exemplo, com a população de rua que "é totalmente descartada, e de uma maneira tão cruel e violenta" que "causa repulsa"[35].

A pobreza e o classismo atinge, em muito, as mulheres, que frequentemente enfrentam desafios adicionais e têm maior dificuldade em acessar recursos de apoio, além de serem mais estigmatizadas[36].

e. LGBTfobia: é termo que abarca as múltiplas formas de discriminações e violências contra as pessoas não heterossexuais e/ou cisgêneras. Trata-se, assim, da opressão daqueles que não se adequam à norma hetero-cis-patriarcal e desafiam o sistema pela forma que organizam

---

[35] LANCELLOTTI, Julio, 2021, p. 20.

[36] TELES, Maria Amélia, 2023.

seus corpos no mundo.

No Brasil, essas pessoas são representadas pela sigla LGBTQIAPN+, que visa a dar visibilidade às diferentes sexualidades e identidades de gênero consideradas desviantes. São as pessoas lésbicas, gays, transexuais, trangêneros e travestis, queer, intersexo, assexuais, pansexuais, não binárias, e outras que não se identificam com nenhuma das anteriores.

A discriminação contra essa população foi considerada crime pelo Supremo Tribunal Federal, em 2019, quando foi equiparada ao racismo, na Ação Direta de Inconstitucionalidade por Omissão (ADO) 26, mas, ainda assim, a violência LGBTfóbica não cessou: de acordo com o Observatório de Mortes e Violências contra LGBTI+, em 2022, o Brasil assassinou uma pessoa dessa população a cada 32 horas.

Nosso passado colonial permite "enxergar que a temática da violência contra LGBTs, a partir dos elementos que constituíram os valores moralistas, possui bastante semelhança com os fatores que compõem as relações de opressão de gênero e raça na atualidade"[37]. Isso se dá porque essa população também é vista como ameaça à ordem e, assim como negros, indígenas, pobres e mulheres, é sujeitada ao controle, à dominação e à exploração.

A seguir, apresentaremos o perfil dos partícipes da pesquisa, que responderam o formulário enviado.

---

[37] PEIXOTO, Valdenízia. 2017, p. 10.

3. Perfil dos partícipes da pesquisa

As perguntas de 1 a 4 do formulário foram elaboradas com o intuito de conhecer o perfil dos partícipes da pesquisa que efetivamente responderam às questões propostas. Foram 64 professores da Faculdade de Direito da PUC de São Paulo e 50 representantes das instituições jurídicas do sistema de justiça mencionadas anteriormente.

As perguntas direcionadas a entender o perfil das pessoas entrevistadas por meio do formulário da pesquisa foram sobre gênero, raça, área do Direito em que atuam e profissão ou cargo que ocupam. Especificamente em relação aos professores e professoras da PUC-SP, solicitamos informar a qual departamento da Faculdade de Direito estão vinculados.

No que diz respeito ao gênero, vê-se que houve maior representatividade de mulheres nas respostas das integrantes das instituições do sistema de justiça, enquanto entre os professores e professoras de Direito essa proporção se mostrou mais equilibrada, conforme o Gráfico 1, a seguir:

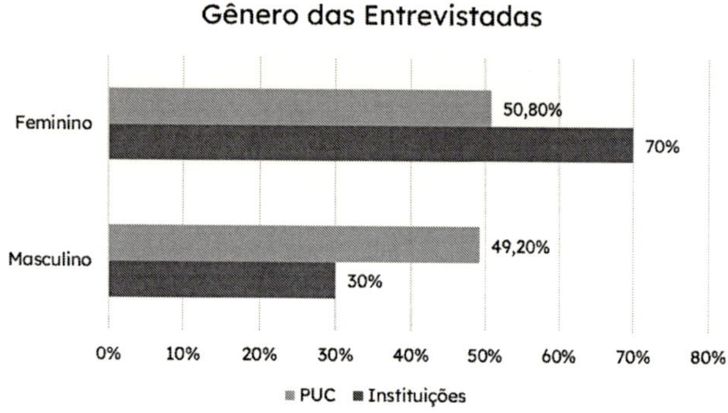

Gráfico 1. Fonte: elaborado por Adriana Gregorut.

A provável explicação para essa diferença é que, em relação ao grupo de representantes de instituições jurídicas, a mobilização da equipe de pesquisa para a fase inicial de teste dos formulários envolveu contato das pesquisadoras com profissionais que atuam, em suas respectivas áreas, com questões de gênero, sendo todas mulheres. E embora tenha sido recomendado que buscassem entre seus pares mulheres e homens para responder o formulário, em sua maioria foram as mulheres já com algum engajamento com essa pauta que o preencheram.

Essa diferença de representatividade acabou se refletindo na resposta à pergunta formulada que indagava se a entrevistada já havia sido vítima e/ou presenciado situação de discriminação de gênero nos ambientes de ensino ou profissional. Como se observa no Gráfico 2, a seguir, dentre as integrantes de instituições do sistema de justiça, apenas 6% responderam que não, sendo que, dentre professores e professoras da PUC-SP, 24,6% deu resposta negativa. Ou seja, em um grupo em que há uma maior presença de entrevistados homens, a incidência de pessoas que nunca presenciaram ou foram vítimas de discriminação foi muito maior.

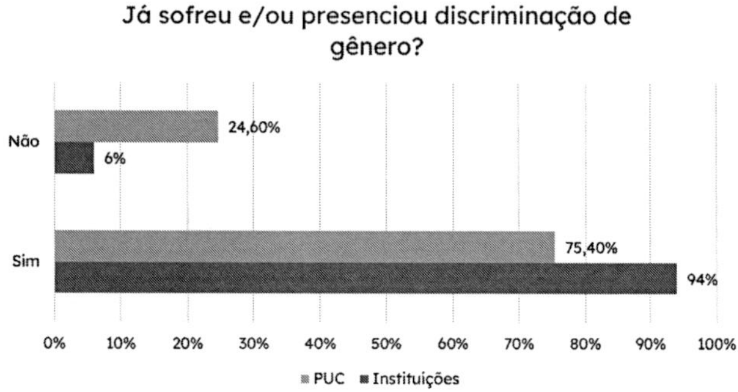

Gráfico 2. Fonte: elaborado por Adriana Gregorut.

No que diz respeito à raça das entrevistadas - pergunta esta realizada por meio do método de autodeclaração -, o que se vê é uma presença absolutamente maior de pessoas brancas, com baixíssima representatividade de pessoas negras e amarelas, conforme se extrai do Gráfico 3, a seguir. Esse dado reflete a realidade discriminatória de profunda limitação do acesso ao Ensino Superior e às instituições do sistema de justiça por parte de pessoas não brancas[38].

---

[38] A título de exemplo, destacamos levantamento do Conselho Nacional de Justiça, segundo o qual apenas 12,8% da magistratura no Brasil são pessoas negras. Ademais, segundo o IBGE, apenas 30% dos docentes de instituições

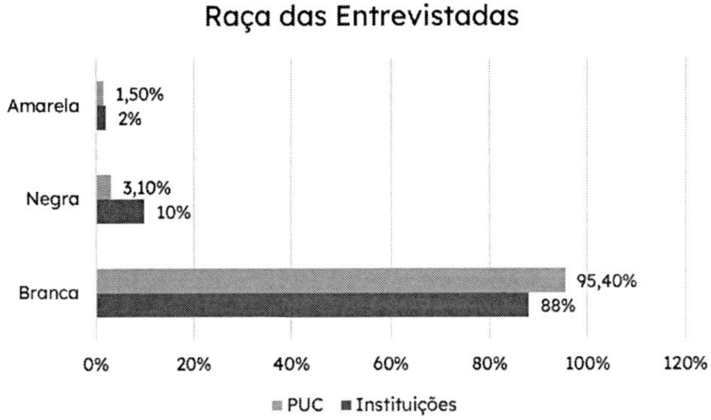

Gráfico 3. Fonte: elaborado por Adriana Gregorut.

As perguntas referentes à atuação profissional das entrevistadas foram formuladas de forma diversa para cada um dos dois grupos. Em relação às professoras e professores da PUC-SP, perguntamos a qual departamento da Faculdade de Direito estavam vinculados e se atuavam em alguma outra área do Direito, além da docência. Quanto à segunda questão, apenas 5 professoras responderam que não exercem outra atividade além da docência, o que representa apenas 7%

de ensino superior são negros. Dentre as instituições privadas, apenas 22% dos professores são negros.

das pessoas entrevistadas. Além disso, um dado interessante é que a grande maioria desse grupo atua na advocacia, além do ensino superior, conforme Gráfico 4, a seguir.

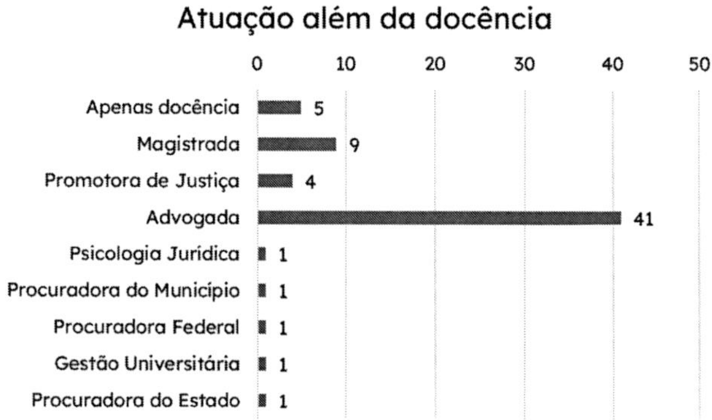

Gráfico 4. Fonte: elaborado por Adriana Gregorut.

Em relação aos departamentos da Faculdade de Direito da PUC-SP, a população entrevistada se mostrou relativamente bem-distribuída, proporcionalmente ao tamanho de cada um dos departamentos, conforme Gráfico 5, a seguir.

Gráfico 5. Fonte: elaborado por Adriana Gregorut.

Quanto ao grupo de integrantes do sistema de justiça, observamos uma maior incidência de pessoas que atuam nas áreas de direito penal, direito público e direito da família (dados representados no Gráfico 6, seguir), o que mais uma vez reflete o viés de seleção das pessoas entrevistadas, já mencionado anteriormente. Essas são as três áreas em que há uma maior atuação de profissionais engajados com questões de gênero.

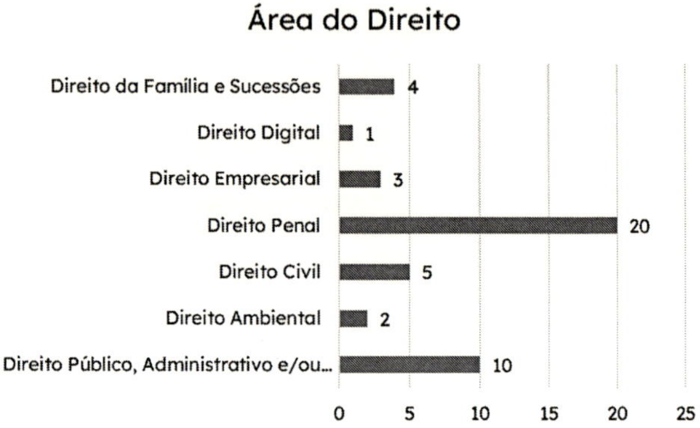

Gráfico 6. Fonte: elaborado por Adriana Gregorut.

De qualquer forma, é importante ressaltar que também houve participação de representantes de outras áreas, em geral pouco associadas a esse debate, como direito empresarial e direito ambiental. Além disso, é possível observar que houve um forte engajamento de magistradas e advogadas (segundo dados ilustrados no Gráfico 7, a seguir).

Profissão/Cargo

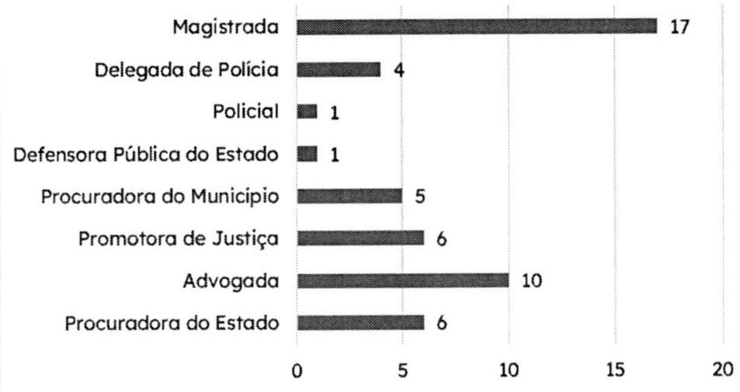

Gráfico 7. Fonte: elaborado por Adriana Gregorut.

Apresentaremos, a seguir, o repertório sistematizado a partir dos verbetes e considerações recebidos.

4. Repertório de verbetes e considerações organizados por categorias temáticas e respectivas subcategorias

Considerando a riqueza dos dados obtidos, optamos por apresentar, inicialmente, apenas sua sistematização, reservando nossas análises, a momento posterior à apreciação por leitoras e leitores do seu conteúdo.

O resultado qualitativo da pesquisa foi apreendido a partir das respostas às questões 10 e 11 do formulário. Na questão 10, solicitamos que os partícipes da pesquisa apresentassem algumas construções linguísticas (termos, expressões e narrativas) que julgassem revelar a existência de discriminação de gênero em sua interseccionalidade. Na questão 11, solicitamos uma justificativa à resposta da questão anterior, caso entendessem necessário.

Com o material obtido, elaboramos um repertório composto de verbetes (termos, expressões e narrativas colhidos nas respostas dadas à questão 10 do formulário) e de considerações (apreciações e comentários apresentados nas respostas dadas à questão 11 do formulário). Esse repertório está organizado nas seguintes categorias temáticas:

CATEGORIA A – Expressões que, de forma direta ou indireta, dependendo do tom e do contexto em que ocorrem, desqualificam a capacidade intelectual e cognitiva das mulheres, reduzindo-as e, por vezes, objetificando-as sexualmente

CATEGORIA B – Expressões discriminatórias que se referem a comportamentos e lugares não apropriados às mulheres

CATEGORIA C – Expressões discriminatórias por razão de gênero, identidade de gênero, orientação sexual, raça, classe, idade

e deficiências que, por vezes, apresentam ambiguidades

CATEGORIA D – Reflexões referentes à linguagem discriminatória

As categorias A, B, C e D estão organizadas nas seguintes subcategorias que representam o perfil dos respondentes:

> 1 - Verbetes e considerações apresentadas por professoras da Faculdade de Direito da PUC SP;
>
> 2 - Verbetes e considerações apresentadas por professores da Faculdade de Direito da PUC SP;
>
> - Verbetes e considerações apresentadas por mulheres representantes das instituições jurídicas; e
>
> - Verbetes e considerações apresentadas por homens representantes das instituições jurídicas.

As categorias A, B e C, apresentam os verbetes e

as considerações obtidas na pesquisa. Sendo que a categoria temática D apresenta, exclusivamente, reflexões referentes à linguagem discriminatória.

CATEGORIA A – Expressões que, de forma direta ou indireta, dependendo do tom e do contexto em que ocorrem, desqualificam a capacidade intelectual e cognitiva das mulheres, reduzindo-as e, por vezes, objetificando-as sexualmente

A. 1 Verbetes e Considerações por professoras da Faculdade de Direito da PUC-SP

Verbetes

- Você é uma graça.
- Também, tem que ser mulher.
- Loira burra; nasceu em berço de ouro, não sabe nada.
- É mulher de autoridade, por isso....
- Promotorazinha.

- Dra. mais bonita do departamento. Menina.
- Gordinha, nervosinha, fora da casinha. É bonita, mas é burra.
- Isso é coisa de homem. Homens não choram.
- Homens são líderes melhores que mulheres. Ela é bem casada.
- Ela é mulher do fulano.
- Ela é mal amada.
- Chamar uma jovem advogada ou professora de "mocinha bonita" e tratá-la de forma infantil.
- Prefiro um advogado (homem) para cuidar do meu processo. Como mulher posso ser bonita e elegante, mas nunca competente.
- As mulheres têm que estudar muito ainda para atingir o patamar dos homens chamados a participar de congressos!

A.1.1. Considerações sobre os verbetes anteriores

- Os homens são elogiados por sua postura e capacidade. As mulheres nem sempre, e se o forem, há, muitas vezes, um elogio sexista.

- Consideração de atributos diferentes, aptidões exclusivas para homens e mulheres, valorização da aparência para a mulher e da essência para o homem.

- Vários termos, por si sós, tanto no ambiente de trabalho, quanto no dia a dia, revelam discriminação.

- Discriminações advêm da ignorância de grupos e da instituição ao lidar com o poder. Falas preconceituosas reduzem uma profissional habilitada a alguém incapaz e não merecedora do lugar onde está.

- Procuram ressaltar o gênero ou qualidades físicas rebaixando o conhecimento técnico. Diminuição da capacidade profissional da mulher, igualando-a a uma criança.

- Profissionalmente, mais nos anos 80 e 90, já que sou formada há 43 anos, ouvi e percebi, de clientes e juízes, questionamentos sobre a minha capacidade intelectual por ser mulher e por ser jovem.

- Não há como aceitar a desqualificação generalizada de mulheres quando se trata de participação em Congressos.

- Tentativas de desqualificar uma postura crítica mais enérgica, muitas vezes necessária, para que problemas sejam solucionados de forma assertiva.

- A indecisão e a fragilidade são atributos geralmente dirigidos às mulheres, pois homens são considerados sempre fortes. Características como assertividade e liderança são tidas como tipicamente masculinas.

A.2 Verbetes e Considerações por professores da Faculdade de Direito da PUC-SP

Verbetes

- Razão é com o homem; intuição é com mulher. Ô bonita.

- Escute, menina.

- Oi, lindinha.

- Que elegância!!!

- Uma argumentação mais incisiva pode magoar os sentimentos dessa pessoa. Expressões genéricas, tendentes à redução de gênero, tais como menina, moça etc., em ambiente profissional.

- Mulher que, ao passar em provas dificílimas da Magistratura, quando da entrevista com um desembargador (uma das fases do concurso), este reparou na sua beleza, nos seus olhos, na sua roupa e abertamente disse, que não entendia que uma moça tão bonita, desejava ser juíza, quando poderia ser uma cantora, uma artista.

- Uma juíza referiu-se a uma advogada como "burra", na mesa de audiência, coisa que não faria (confessado, em conversas particulares) a um homem, advogado.

A.2.1. *Considerações sobre os verbetes anteriores*

- A atribuição da racionalidade ao homem como característica intrínseca enquanto da intuição à mulher, retardou a presença de mulheres no sistema de justiça. Necessário implementar na educação, em todos os níveis, a importância do respeito, como sinônimo de fraternidade.

- Quanto às discriminações em si, tivemos oportunidade de constatar na academia, nas empresas e na Justiça (inclusive nas conduções de audiências e na prolação de sentenças e acórdãos nos tribunais) referências, pelos homens, à beleza, à elegância e à simpatia, da mulher, mais do que a sua competência, inteligência, conhecimento, menosprezando o seu valor profissional.

- A adjetivação elogiosa às mulheres, por vezes, revela a apreciação da aparência e não da atuação profissional.

- Expressões que representam ignorância.

A.3 Verbetes e Considerações por mulheres representantes das instituições jurídicas

Verbetes

- A juíza julga com o coração...não com a razão. Fora dos padrões de beleza normal.

- Mocinha. Jovenzinha.

- Vai embelezar esse andar.

- Ótima para idade, parece uma menina, menina. Você não sabe.

- Deixa-me explicar.

- Como que ela chegou até aqui? Constantes interrupções.

- "O juiz", "o advogado", "o defensor", sempre no masculino.

- Certa vez, na condição de Diretora de Fórum, enquanto esperava um posicionamento do

Tribunal sobre uma questão que apresentei fui orientada a "comprar umas roupinhas".

- Desconsiderar a argumentação apresentada sem apresentar contra-argumentação devida. A referência a profissionais mulheres no diminutivo ("juizinha").

- A referência à profissional pelo gênero ("aquela mulher").

- Discussão entre advogados homens, ou advogados e promotores de modo agressivo em total desrespeito à autoridade da Juíza.

- "Filhinha", "Minha filha" são tratamentos usados por procuradores e advogados homens mais velhos ao se dirigir a procuradoras jovens.

- Tive problemas, como juíza titular, com advogado que se recusava a debater, ao cabo da instrução criminal, e nunca recusou debater, quando a abertura da palavra era feita pelo juiz auxiliar que assumia a vara criminal de minha titularidade.

- Ouvi de um desembargador, quando passei no concurso, que parecia uma *miss* e depois de um tempo de carreira pareceria uma "uva passa".

- Na minha experiência profissional, tenho colegas que, mesmo depois de quinze anos de carreira, ainda me chamam de "Menina" em encontros formais.

- Aquela advogada é excelente, segura, assertiva e firme como os homens.

- Cliente solicitar a presença de um advogado homem na audiência para dar mais força ou seriedade.

- Você é a menina que vai conduzir a reunião ou vamos esperar o sócio para começar? (no caso, a "menina" era a sócia, nem havia sócio na área.)

- Chama aquela estagiária linda para a reunião. Esse cliente adora ambientes bonitos.

A.3.1. Considerações sobre os verbetes anteriores

- Há expressões e narrativas que exemplificam o déficit de credibilidade da palavra da mulher.

- As carreiras jurídicas apresentam cultura patriarcal e machista, espelhando a realidade brasileira. Há uma série de julgamentos e preconceitos que permeiam a rotina judiciária, com grande resistência a reflexões e mudanças.

- Estereótipos das mulheres para desqualificá-las, humilhá-las, submetê-las à vontade masculina. O uso de diminutivos por advogados, promotores e magistrados mais velhos para se referirem à juíza mulher mais nova, seja por menosprezo, seja para tentar intimidá-la ou constrangê-la publicamente em sua atuação.

- A mulher não é respeitada profissionalmente como os homens em igual posição, tanto por colegas, quanto por outros integrantes do processo e, até, pelas partes.

- A mulher está sempre relacionada ao padrão

de beleza jovem, magra, o que também a coloca no lugar menorizado - de menina - remontando a imaturidade, inocência, ingenuidade.

- Em todos os casos o patriarcado se faz presente como elemento determinante das condutas discriminatórias.

- A referência no masculino reforça a ideia de que o desempenho das funções do sistema de justiça por mulheres é excepcional.

- A referência a profissionais maduras e experientes, no diminutivo ou pelo gênero, é empregada como forma de menoscabo e como se denunciasse a inadequação da presença da mulher naquela posição.

A.4 Verbetes e Considerações por homens representantes das instituições jurídicas

Verbetes

- Além de linda, é inteligente.

- Bonita assim, nem precisava ser boa no que faz.

- É muito bom estar na presença de tantas mulheres bonitas, pena que tem tantos homens feios aqui também.

- Mas você entende de campanha política? Interrupções constantes.

- Insinuações de que a ascensão profissional foi fruto de um relacionamento amoroso/sexual.

- Caracterização da mulher como nervosa, histérica.

- Considerar reivindicações próprias das mulheres como algo supérfluo.

A.4.1. *Considerações sobre os verbetes anteriores*

- Interrupções constantes; insinuações de obtenção de favorecimentos por motivo amoroso/sexual, bem como estigmatizações das mulheres como nervosas e histéricas nunca são dirigidas aos homens. Essas e outras expressões similares reforçam a objetificação da mulher. O poder político ainda é ocupado predominantemente por homens.

- As expressões discriminatórias revelam o teor da arraigada e, por vezes inconsciente, presença de estereotipias patriarcais advindas da dominação de um sexo/gênero sobre o outro e da depreciação e desvalorização da mulher.

CATEGORIA B - Expressões discriminatórias que se referem a comportamentos e lugares não apropriados às mulheres

B.1 Verbetes e Considerações por professoras da Faculdade de Direito da PUC-SP

Verbetes

- Desequilibrada. Interesseira.

- Vingativa.

- Alienadora.

- A adolescente é bonita; o adolescente é forte.

- A jovem deve ser modelo; o jovem deve estudar em Harvard.

- Matemática é para meninos; meninas devem aprender a fazer maquiagem. Filhos podem ir para a escolinha de futebol e as filhas vão fazer balé.

- Mulher é mais difícil de trabalhar. Prefiro chefe homem.

- Mulheres são mais caprichosas/organizadas.

- Advogadas que trabalham até tarde vão perder o namorado/marido. Delegacia não é lugar pra mulher.

- Considerar que reclamações legítimas são "mimimi" ou chilique. Desembargadora dizer que a sustentação oral de uma advogada foi uma graça. Recomendação de cautela no dress code para não chamar atenção dos homens. Algumas áreas do trabalho não são ambientes para mulher.

- Também já ouvi – e ouço – que algumas leis não eram necessárias, como a lei de feminicídio.

B.1.1. *Considerações sobre os verbetes anteriores*

- Narrativas que enfatizam a aparência ou a vestimenta das mulheres em contextos judiciais, ao invés de se concentrarem em suas habilidades ou argumentos, podem refletir um viés de gênero. Afirmar que mulheres são "mais caprichosas/organizadas" como justificativa para designar a elas trabalhos administrativos. São expressões baseadas em pensamentos machistas.

B.2 Verbetes e Considerações por professores da Faculdade de Direito da PUC-SP

- Verbetes

- Mulher é mais sensível.

- Trabalho de secretária é mais adequado às mulheres. Feminazi.

- Primeiro as mulheres. As mulheres primeiro. Profissões femininas.

- Não basta à mulher de César ser honesta... Sem nenhum homem para ampará-la.

- As mulheres são naturalmente inclinadas a cuidar de crianças. É difícil argumentar com 'fulana' em certo período do mês.

- Mulher que chegou ao cargo de ministra do TST, e que no prédio da Justiça, não havia banheiro feminino, só masculino.

- As expressões Legítima Defesa da Honra e Mulher Honesta na jurisprudência e na doutrina representam discriminação à mulher.

- O crescente uso da "lawfare de gênero" em situações de Direito de Família por ex- companheiros visando descredibilizar a mulher (definindo como ela deve se portar, deslegitimando-a como mãe, amparados em seu comportamento sexual, vestimentas, hábitos, sanidade mental etc.).

- **QUANTO CUSTA UMA LATA DE TOMATE** Um docente membro de banca examinadora de dissertação de mestrado virou-se para a colega examinadora ao lado e disse: "vou precisar de sua ajuda para formular a minha pergunta (sobre *trade dress*) ao candidato: quanto custa uma lata de massa de tomate?

- **ESSA É DIFERENTE... ESSA É PRA CASAR...** Homens e mulheres conversando sobre relações afetivas. Um homem diz: "Essa é diferente...essa é para casar..." no momento em que se utilizou a expressão houve constrangimento e as mulheres reagiram para que o autor da frase se manifestasse esclarecendo. A expressão deu a entender que as outras mulheres não tinham aptidão para casar e, no contexto, resultou altamente pejorativo, distinguindo entre mulheres "para casar" com determinadas "virtudes" e outras que não mereciam esse tratamento.

B.2.1. *Considerações sobre os verbetes anteriores*

- Numa banca, ao indagar o preço de massa de tomate a uma colega, um examinador pressupõe que ela saberia naturalmente o preço do produto culinário, porque a via essencialmente como uma "dona-de-casa".

- Alguns estereótipos reforçam normas culturais sobre o que é considerado apropriado para cada gênero, desvalorizando profissões em que predominam mulheres e o próprio trabalho feminino. Expressões que passam a ideia de que as mulheres não são autossuficientes; que a mulher tem sempre de deixar claro que é virtuosa; que a mulher é "essencialmente" a procriadora e modelo de virtude. Algumas expressões dificultam a igualdade de tratamento entre os gêneros e denotam um falso cavalheirismo.

- O senso-comum - arraigado na mentalidade social e dos próprios julgadores - define como a mulher deve ser para, por vezes, deslegitimar a mulher como pessoa, como mãe, profissional etc.

- A utilização de certos vocábulos possui a nítida finalidade de reduzir o grau de importância das mulheres, quando em cotejo com o homem.

B.3 Verbetes e Considerações por mulheres representantes das instituições jurídicas

Verbetes

- Histérica. Louca.
- Descompensada Feminazi.
- Mimimi.
- Lá vem a radical.
- Vai falar de mulher de novo? Não assume a maternidade.
- Não cumpre as obrigações de mulher. Não sabe cozinhar.
- Saidinha.
- Depravada.
- Moderninha.
- Oferecida.
- Qual roupa vc estava vestindo? Vc bebeu.
- Toma medicamentos.

- Amanhã venha vestida para despachar.

- Mulher não é comercial, pois não pode sair para jantar com clientes. O jeito que ela se vestia dava a entender que ela estava “a fim”.

- Ela parecia estar “a fim”.

- É exagero dela. Foi só um elogio.

- Pensei que ela estivesse gostando. Ela nunca reclamou antes.

- É claro que ela está “a fim” dele. Vingativa.

- Descontrolada.

- Irascível.

- Mulheres deviam ficar em casa, pilotando um fogão!

- Você não tem culpa de viajar tanto e deixar seus/suas filhos/as sozinhos/as? Seu marido não reclama?

- Mulheres mentem.

- Usam os filhos para conseguir dinheiro. Usam as medidas protetivas para se locupletar. Não são confiáveis.

- São interesseiras.

- Muita mulher é difícil de trabalhar.

- Necessidade de testemunhas para confirmar os fatos por elas descritos.

- Não casaria com juíza, porque vai achar que pode mandar em casa também.

- Sustentada pelo marido, traiu o marido, abandonou os filhos para viver com outra pessoa. Uso de adjetivos como louca, brava, enérgica e descontrolada para a mulher, quando atua de forma combativa.

- Chamar vítima de violência doméstica de louca para afastar a sua credibilidade. Questionar a roupa de vítimas de estupro.

- Ofender candidatas a cargos eletivos fazendo uso de ameaças de estupro.

- Percebo que, nas licenças saúde por burnout, as mulheres são mais criticadas e questionadas que os homens.

- Dizer que a mulher é louca e descontrolada, como justificativa para a discussão que redunda em agressão.

- Ter por promíscua a mulher que tem filhos com parceiros diferentes (o que não ocorre com homens na mesma situação).

- Críticas à mulher que utiliza amigas, vizinhas como rede de apoio no horário de trabalho.

- A culpabilização da mulher vítima de estupro em decorrência de seu comportamento anterior, sua vida sexual ou de suas vestes.

- Dizer que a mulher vai gastar com ela o dinheiro da pensão; se o filho fica doente durante a visita o pai devolve o filho para a mãe ao invés de levá-lo ao médico;

- Em uma audiência numa vara da Fazenda Pública, o juiz queria que eu desistisse de testemunhas para julgar o caso imediatamente. Eu disse que não iria desistir, pois achava importante registrar as manifestações das testemunhas. Ouvi do magistrado que eu deveria estar na TPM e por isso não racionava direito.

- As mulheres não podiam entrar no Fórum sem que estivessem usando saias. Funcionárias de meia idade subiam sem segurança em escadas de madeira para alcançar processos, com suas saias justas e compridas. Desrespeito.

***B.3.1.** Considerações sobre os verbetes anteriores*

- Ouvi, muitas vezes frases, discriminatórias – lembrando que sou formada faz 30 anos – e julgo que hoje o machismo está um pouco mais sutil. Mesmo mais sutil, ainda, é evidente o machismo presente na pouca citação de juristas mulheres; presente, quando seu colega homem te interrompe no meio da sua exposição para dizer exatamente o que você disse; presente, nas decisões judiciais inúmeras vezes no Direito de Família. O machismo estrutural está presente, também, nas votações para o quinto constitucional, que, recentemente, mudou na OAB devido às cotas, mas segue no Judiciário.

- A Polícia Civil, instituição predominantemente masculina, entende que as policiais mulheres devem ter um papel menor no trabalho policial, usando a desculpa da fragilidade física e de outras questões biológicas, para justificar menor competência em realizar as tarefas "normais" policiais. Um exemplo disso são as promoções de classe, por merecimento, as quais, quando falamos das posições mais altas da carreira, a mulher normalmente não tem chance de ascensão.

- Há expressões e narrativas que tentam culpabilizar a vítima pela violência sofrida e afastar a mulher dos espaços de discurso público e de poder.

- Expressões que definem as mulheres como sedutoras contumazes são comumente proferidas em interrogatórios de procedimentos disciplinares por servidores públicos homens acusados de assédio sexual contra subordinadas e colegas mulheres.

- É claro que ela está "a fim dele" foi frase proferida por procuradora ao se referir a funcionária solteira que assessorava procurador considerado atraente.

- Essas expressões se tornam discriminatórias por serem são usadas somente contra mulheres. Atribuição à mulher de única responsável pelos filhos.

- Estereótipos que revelam padrão de mulher recatada, bela e do lar.

- Expressões típicas do patriarcado estrutural têm como pressuposto a inferioridade feminina e colocam a mulher em papéis determinados, diversos dos masculinos.

B.4 Verbete e Consideração por homem representante das instituições jurídicas

Verbete

- Essa advogada gosta de bandido.

B.4.1. Consideração sobre o verbete anterior

- Advogadas criminalistas são, muitas vezes, acusadas de usar sua beleza para seduzir os clientes presos, suspeitas de que façam favores sexuais aos presos, denotando preconceito em relação a sua capacidade profissional, bem como julgamentos em face de seu comportamento sexual.

CATEGORIA C – Expressões discriminatórias por razão de gênero, identidade de gênero, orientação sexual, raça, classe, idade e deficiências que, por vezes, apresentam ambiguidades

C.1 Verbetes e Considerações por professoras da Faculdade de Direito da PUC-SP

Verbetes

- Só podia ser mulher.

- Mulheres engravidam para manter o emprego.

- Uma mulher precisa ficar mais tempo com os filhos.

- Esses coreanos vêm para o Brasil para explorar os trabalhadores.

- Não é porque era mulher, pobre e negra que não deu conta do desafio. Ela tem uma origem simples, mas é super capaz.

- Pessoa de cor.

- Preta.

- Numa reunião onde se encontram homens, nos silenciam. Já ocorreu em uma reunião estarmos em três mulheres, duas brancas e eu a única preta. Os homens dirigiam suas palavras e olhares para as mulheres brancas, e o que vem a ser pior, as duas mulheres brancas reproduziam o que os homens estavam fazendo, me invisibilizaram.

- Perguntas invasivas sobre o desejo de ter filhos e/ou simples presunção do desejo de ter filhos, perguntando quando, e não se, você terá filhos, inclusive em entrevistas de emprego.

- Se o veículo que possuo é meu. Há alguns dias, adolescentes estudantes, com uniforme da escola, chegaram próximo e me perguntaram "esta 'nave' é sua?". No primeiro momento não entendi, até que um outro colega disse, "esse carro tia é seu?". E passaram a questionar como eu consegui a 'nave'. Respondi que sempre pensei que o estudo seria o caminho necessário para eu alcançar o conhecimento e o fruto deste. Assim, estudei, me formei e hoje sou advogada e professora do ensino superior. Começaram a aplaudir, então pedi para que gravassem o dia, a hora e meu rosto, "pois ainda nos encontraremos, e vocês dirão": "tia, eu estudei, me formei, sou um grande profissional, e tenho uma 'nave', muito melhor que a sua!".

C.1.1. Considerações sobre os verbetes anteriores

- Há articulação de diversos outros preconceitos com a questão de gênero.

- O racismo, a xenofobia e a misoginia estão arraigados em certas pessoas, fazendo parte de sua formação. Não conseguem nem identificar sua fala discriminatória, apenas se expressam.

- A cultura brasileira tem sido construída na interseccionalidade do racismo, sexismo, classismo e outros eixos de opressão.

C.2 Verbetes e Considerações por professores da Faculdade de Direito da PUC-SP

Verbetes

- Só poderia ser...Coisa dessa gente. Estudantes Pro-Uni. Bicha sem vergonha.
- Só podia ser coisa de viado. Não liga, não: é viado.
- A viadagem está aumentando; sinal dos tempos. Também o que você esperava de um viado.
- Ela não é a mesma e não tem o mesmo rendimento após ter filho(s).
- Cidadão de bem.

C.2.1. *Considerações sobre os verbetes anteriores*

- Classismo. Racismo. LGTBFOBIA.

- A expressão “cidadão de bem” criminaliza o divergente.

- Está enraizado em nossa sociedade que determinadas características atribuídas às mulheres, como inerentes, podem atrapalhar seu rendimento profissional, como a crença que elas não têm comportamentos racionais e reagem emocionalmente. E tais atitudes discriminatórias às mulheres se tornam mais frequentes e perceptíveis à medida que a pessoa difere do que nos é comum, seja por raça; classe social, cultura, aparência e até mesmo naturalidade.

- Há estereótipos que mal escondem a ideia de que os homossexuais são anormais, sem caráter e com menos dignidade do que os heterossexuais.

- Observo a interseccionalidade em diferentes contextos: quando o texto da lei não reconhece ou considera apenas as identidades de gênero binárias; quando a composição em determinados tribunais e equipes jurídicas é predominantemente de um gênero e quando, na jurisprudência, o uso de termos culpabiliza a vítima em crimes sexuais.

C.3 Verbetes e Considerações por mulheres representantes das instituições jurídicas

Verbetes

- Gorda.
- Velha.
- Cabelo ruim.
- Deve estar naqueles dias.
- Você deve estar na TPM.
- O problema de mulheres no MP é que ficam grávidas
- Dificuldade de acesso ao Judiciário por conta da idade - aplicado somente ou principalmente à mulher.

- Vamos pensar se devemos contratar uma mulher que está na idade de engravidar. Não trabalho sob ordens de mulher mais nova.

- Uso da gravidez ou da possível gravidez para impedir a ascensão na carreira.

- Mulata bonita.

- Negra com conteúdo. Sapatão.

- Boiola.

- Denegrir.

- Doméstica.

- Humor negro.

- Morena bonita.

- Engravida e dá prejuízo ao Estado. Engravidou porque quis.

- Causa ônus de ter engravidado e tirado licença maternidade. A mulher é a base da família.

- Aquela pretinha, além de tudo, é assanhada.

- Você realmente foi muito longe sendo uma mulher negra / mulher lésbica.

- Ouvi: "não é possível continuar com as cotas para negros", num tribunal centenário, que nunca teve uma desembargadora em cargo de direção ou mesmo uma desembargadora negra Banheiro feminino somente poder ser utilizado por mulheres trans que fizeram cirurgia.

- Achar que o nome registral tem prevalência sobre a autodeclaração de gênero. Dificuldade das pessoas em nomearem as partes pelo nome social.

- Ausência de lei de crime sobre homofobia.

- Já ouvi comentários como: essa mulher é tão brava, que só pode ser sapatona.

- Já ouvi: quer ser juíza e depois começa a engravidar e atrapalha o trabalho do Judiciário. Questionamentos acerca dos filhos à mulher acusada de crime, se pensou neles antes de cometer o crime.

- Uma vez um colega juiz me falou de forma desrespeitosa sobre a licença maternidade - o colega disse que se ele sofresse um acidente e precisasse se afastar, teria prejuízo nas promoções, ao passo que quando eu estivesse em licença maternidade ficaria meses afastada sem sofrer nenhum prejuízo, situação que ele reputava muito injusta. Lembrei que se eu sofresse o acidente, teria o mesmo prejuízo que ele.

- Na banca do concurso de ingresso da magistratura fui indagada por um desembargador porque não tinha alterado meu nome quando casei e porque não tinha filhos, já que era casada há alguns anos - falei que pretendia passar no concurso antes. O desembargador ficou indignado e afirmou que eu ficaria nove meses em licença!

- Eu estou grávida! RESPOSTA 1: Nossa, a água daquele andar engravida. Quero ver como vamos bater meta assim. RESPOSTA 2: Nossa, mas de novo.

C.3.1. *Considerações sobre os verbetes anteriores*

- As construções patriarcais e racistas fazem parte da sociedade brasileira.

- A visão do homem universal, branco, hétero, cis como sendo o ser supremo de toda e qualquer relação é fator que acompanha a argumentação patriarcal e endossa condutas discriminatórias.

- O uso de palavras de cunho pejorativo na interseccionalidade de gênero e raça reproduzem e perpetuam as violências.

- Essas microagressões, por vezes ambíguas, desestabilizam a segurança das advogadas, limitam sua performance e capacidade, aumentando a ansiedade e, como consequência, afetam a carreira.

- Há discriminações que partem de padrões de gênero, étnico raciais, heteronormativos, classistas e capacitistas.

- Além do machismo, apresentado por advogados e juízes homens, reparei também na condescendência ofensiva, advinda do etarismo.

- "Aquela pretinha" foi frase proferida por procuradora ao se referir a funcionária que havia começado a ter um relacionamento amoroso com um colega de trabalho.

- Se essas frases são problemáticas para mulheres brancas cisgênero, são ainda mais delicadas para mulheres negras, trans, LGBTQIA+.

- "Não trabalho sob ordens de mulher mais nova" foi frase proferida por funcionário de meia- idade da Procuradoria do Município ao saber que passaria a ser chefiado por uma procuradora jovem.

- Em muitas ocasiões, a mulher é tratada de forma condescendente, menos confiável e sofre prejuízos e até perda de cargo quando engravida e tira licença maternidade.

- Considerar que mulher brava é homossexual revela preconceito estrutural.

- Argumentações que desqualificam a mulher negra pelo fato de ser mulher são misóginas e racistas.

C.4 Verbete e Consideração por homens representantes das instituições jurídicas

Verbete

- Travecão.

C.4.1. *Considerações sobre o verbete anterior*

- Machismo, patriarcado e preconceitos atávicos, se retroalimentam nas estruturas institucionais e, resistentemente, refutam os avanços sociais e legislativos.

- O critério binário de gênero para a idade mínima para aposentadoria (art. 201, § 7º, CF) não considera as pessoas trans e não binárias.

CATEGORIA D – Reflexões referentes à linguagem discriminatória

D.1 Reflexões por professoras da Faculdade de Direito da PUC-SP

- Acredito que tudo se inicia na expressão "eu não tenho preconceito".

- O uso excessivo de termos genéricos masculinos para se referir a todos os profissionais (por exemplo, "juízes" em vez de "juízes e juízas") pode contribuir para a invisibilidade das mulheres e reforçar a ideia de que os homens são a norma.

- Sobre a sub-representação de mulheres em posições de autoridade: se a linguagem e as narrativas constantemente representam predominantemente homens em posições de autoridade e poder, isso pode reforçar a ideia de que esses papéis são mais adequados para homens.

- Sempre "o": gênero masculino privilegiado: o consumidor, o contratante, o cônjuge. Mas confesso que nunca tive um olhar atento a isso sob tal perspectiva, somente agora, ao responder esta pesquisa.

- Acredito que a linguagem discriminatória inferioriza ou questiona a capacidade de atuação profissional das mulheres, assim como as considera “ornamentos” ou “auxiliares” em relação aos trabalhos centrais.

D.2 Reflexões por professores da Faculdade de Direito da PUC-SP

- As expressões da língua podem revelar discriminação histórica, como a questão do gênero em Português. Falar “todos, todas ou todes”; “advogado, advogada, advogades”, “brasileiros e brasileiras” pode representar uma maquiagem que inverte e afronta a própria regra da língua. Entendo que a língua falada ou escrita deve ser um produto natural do meio e dos relacionamentos. Não são tais modificações da linguagem que alteram as discriminações e os tratamentos diferenciados. Tal ocorrerá apenas com a Educação, desde o ensino básico.

D.3 Reflexões por mulheres representantes das instituições jurídicas

- As discriminações estão, muitas vezes, presentes em insinuações e olhares.

- Muitas vezes, as expressões faciais denotam

preconceito e discriminação, mais do que palavras. Há elitismo, alijamento do povo e perpetuação da diferença de classes na LINGUAGEM JURÍDICA pernóstica, obscura e obsoleta. E usada, em especial, por juristas do sexo masculino, para exibir sua alta sabedoria e tornarem-se inacessíveis, superiores e importantes. Escrever bem não é sinônimo de ser ininteligível para a maioria da população.

- Em petições/recursos, laudos periciais, audiências e decisões, não raro, vemos palavras de desapreço às mulheres. Seja de forma direta, se referindo a uma advogada adversa ou juíza que proferiu sentença de forma pejorativa, desqualificando-a por ser mulher, ou, seja de forma indireta por insinuações.

- É desrespeitoso e discriminatório nomear a prática do aborto como "feticídio" num processo criminal que discute o tipo penal aborto.

- É equivocada ideia de que a guarda compartilhada não se vincula ao bom relacionamento entre os pais, ou mesmo a ideia de cuidado compartilhado.

- Expressões como pátrio poder e crimes contra o patrimônio refletem a dificuldade de se encontrar definição de gênero na legislação.

- Há construções linguísticas que demonstram claramente a força do patriarcado e da misoginia sobre as construções normativas e jurisprudências no direito.

D.4 Reflexões por homens representantes das instituições jurídicas

- É discriminatória a nomenclatura dos cargos sempre no masculino, mesmo que ocupado por mulheres. Recentemente havia uma Procuradora-Geral do Estado que ela própria nominava o cargo no masculino.

- Há palavras usadas corriqueiramente no sistema de justiça que possuem significados muito discriminatórios como por exemplo: mulher da vida e mulher fácil (para expressar vítimas de feminicídio que mantinham relações afetivas com mais de uma pessoa) e feminazi (para designar mulheres que simplesmente lutam por direitos iguais entre homens e mulheres).

- Além das discriminações presentes na linguagem verbal, há posturas e atitudes diante de mulheres negras que revelam falta de reconhecimento da sociedade em geral, até pelos seus pares, quando essas mulheres ocupam espaços de poder.

- São comuns narrativas que não reconhecem sobrecarga de trabalho das mulheres que têm duplas e até triplas jornadas, incluindo tarefas domésticas desigualmente distribuídas.

- Há alguns termos que se usam para mulheres, e não para homens, como dizer que uma promotora ou advogada é "brava" (ou termo ainda mais pejorativo), quando na verdade ela é atuante e combativa nos seus argumentos. Há, ainda, o uso de termos como "madame" ou "perua", quando mulheres se vestem, em audiências/julgamentos, com trajes mais refinados. São expressões que não se usam para homens.

- Há, também, preconceito na linguagem usada na administração das instituições (Judiciário e Ministério Público) em relação a mulheres gestantes ou que poderão ser, pelo fato de que elas ficarão afastadas do trabalho.

- Há expressões como "você está bonita" ou "parece mais nova" que deixam as mulheres desconfortáveis no ambiente de trabalho.

- É comum ver profissionais homens do Direito falarem mais alto e serem grosseiros com as mulheres, como forma de tentar intimidá-las.

- A linguagem expressa no tipo penal aborto (art. 124, CP) criminaliza a mulher na legislação, violando seu direto à autodeterminação do próprio corpo.

5. Realização de uma conversa qualificada

Ao concluir o rol de verbetes e considerações, convidamos quatro pessoas, com notório conhecimento do tema estudado, para uma conversa qualificada informal *online*, que foi realizada no dia 7 de dezembro de 2023, com a participação de Alice Bianchini, Fábio Mariano, Marcelo Macca e Nina Ranieri, em conformidade com a ideia inspiradora desta pesquisa, de que a "linguagem é viva e de construção coletiva". O objetivo dessa conversa foi escutar seus participantes sobre a construção desse trabalho, para o qual ainda faltava, na época em que foi realizada, a análise qualitativa do material obtido.

Vale destacar que esse diálogo foi bastante rico e estimulante e muitas das observações oferecidas pelos participantes foram incorporadas ao trabalho final.

6. Análise qualitativa

Ao finalizar esta investigação, nos demos conta de que a sistematização das respostas em quatro categorias temáticas foi um dos momentos mais desafiadores deste trabalho, pois sem interferir no conteúdo recebido, enfrentamos a tarefa de formar e formatar um repertório lógico e compreensível. Precisamente nesta perspectiva, consolidamos os blocos de ideias com preocupações éticas e estéticas.

O fato de a maioria dos partícipes da pesquisa ter apresentado não apenas verbetes, mas também considerações críticas e reflexões, trouxe ao repertório nuances surpreendentes: se os verbetes são muito interessantes e revelam a hierarquia do masculino/feminino existente no cotidiano, as considerações e reflexões apontadas enriqueceram ainda mais o repertório construído. O material coletado, por si, é tão rico, que cogitamos dispensar nossas análises.

No entanto, o processo de organização cuidadosa dos verbetes e as considerações a respeito deles nos permitiu confirmar a necessidade urgente de aprofundar as reflexões elaboradas pelas pessoas entrevistadas sobre as estereótipos presentes no discurso jurídico. Ao evidenciar as falas reproduzidas no cotidiano dos operadores do Direito, o repertório construído destaca a importância da linguagem e evidencia o quanto a mente humana produz e reproduz estereótipos e preconceitos. Os conteúdos das categorias inspiram reflexões específicas, apresentadas a seguir:

a. Categoria A - "o homem é razão; e a mulher, intuição"

Na categoria A, "expressões que, de forma direta ou indireta, dependendo do tom e do contexto em que ocorrem, desqualificam a capacidade intelectual e cognitiva das mulheres, reduzindo-as e, por vezes, objetificando-as sexualmente", foram recorrentes expressões que fazem referência à aparência da mulher – estabelecendo relações entre beleza e inteligência, atribuindo características intrínsecas e imutáveis a cada sexo/gênero. Esses estereótipos não apenas desvalorizam as capacidades intelectuais das mulheres, mas também perpetuam a ideia prejudicial de que a beleza e a competência são mutuamente excludentes e de que a beleza deve ser um elemento em pauta no ambiente profissional. Reforça essa noção a ideia que "mulher age com o coração, homem com a razão", que simplifica e limita as complexidades do comportamento humano.

Frances Olsen, no artigo "El sexo del derecho", explica que, desde o liberalismo clássico, o pensamento se estrutura através de dualismos ou pares de termos opostos (racional/irracional, ativo/passivo, razão/emoção, natureza/cultura, abstrato/concreto, objetivo/subjetivo etc.). Esse sistema de dualismos, segundo a autora, é sexualizado, ou seja, um termo do dualismo é considerado masculino, e o outro, feminino. Ainda, os termos não estão em pé de igualdade, mas hierarquizados, sendo que aquele identificado como masculino é considerado superior[39].

Assim, ser racional é considerado uma característica masculina e positiva, enquanto ser intuitivo ou emocional são características femininas e negativas.

As expressões alocadas na categoria temática A refletem essa estrutura de pensamento. Frases como "você é uma graça", "mocinha bonita", "Drª. mais bonita do departamento" e "bonita e elegante, mas não competente", que as mulheres que participaram da pesquisa relataram ter ouvido, são símbolos da sexualização e hierarquização dos pares opostos de dualismos. Comentar sobre a beleza de alguém, em geral, é um elogio, mas, no ambiente profissional, essas frases passam a ser inadequadas e mesmo ofensivas. Ao exaltar a beleza das mulheres em um ambiente em que

---

[39] OLSEN, Frances, 1990, p. 1-3.

buscam reconhecimento por suas capacidades teórica e técnica, a mensagem transmitida é a de que o valor delas está em seus atributos físicos.

Outras vezes, o discurso que desvaloriza a capacidade intelectual e cognitiva das mulheres é expressada de maneira explícita, sem a maquiagem do suposto elogio. É o caso de expressões como “prefiro um advogado homem”, “uma argumentação mais incisiva pode magoar os sentimentos [das mulheres]” e “as mulheres ainda têm que estudar muito para atingir o patamar dos homens”. Aqui, os estereótipos de gênero estão escancarados, tratando as mulheres como pessoas emotivas, sensíveis, despreparadas, incompetentes e ignorantes.

Ainda questionando a capacidade das mulheres de alcançarem cargos altos e de se manterem nesses cargos, algumas expressões sexualizam as profissionais, insinuando que elas só estão onde estão por causa dos seus atributos físicos, como em “bonita assim, nem precisava ser boa no que faz”, ou “porque tiveram um relacionamento amoroso/ sexual com algum homem que a favoreceu”. Talvez essa seja a expressão máxima da desvalorização de mulheres, já que essas frases, além de reiterarem a suposta incapacidade e irracionalidade delas, reforçam sua objetificação.

Em suma, são expressões que reforçam que "o homem é razão e a mulher, intuição".

b. Categoria B – "bela, recatada e do lar"

Na categoria B: "Expressões discriminatórias que se referem a comportamentos e lugares não apropriados às mulheres", a maioria das respostas se referem a determinados adjetivos pejorativos para descrever o comportamento das mulheres no ambiente de trabalho, tais como "histérica", "louca" e "descompensada".

Muitas das expressões presentes nesta categoria refletem a resistência institucionalizada à presença feminina em determinados espaços, seja fundamentada pela ideia da falta de saúde mental para este tipo de ambiente, seja pela ideia do não pertencimento. Essa atitude contribui para a criação de um ambiente hostil e excludente, onde as mulheres enfrentam barreiras adicionais para avançar em suas carreiras e são desencorajadas a buscar oportunidades em setores do sistema de justiça. Percebemos também, com menor frequência a indicação de expressões que delineiam o perfil da mulher como uma figura que usa a sedução para acessar os espaços de poder.

Esta categoria tem um conteúdo que nos mostra o quanto ainda a lógica da negação da dimensão de pessoa à mulher ainda subsiste. Conforme apontado em 1998: Gênero, aqui, tomado como um conjunto de papéis que são conferidos à mulher como obrigatórios e dos quais ela não pode afastar-se, sob pena de perder as condicionantes que justificam o "respeito" que a sociedade lhe deve dedicar. Em outras palavras: à mulher cabe reconhecimento e respeito, muito menos pelo fato de ser pessoa, sujeito de direitos, do que por seu enquadramento na moldura de comportamentos e atitudes que a sociedade tradicionalmente lhe atribui.[40]

---

[40] CAMPILONGO, Celso. In PIMENTEL, Silvia; SCHRITZMEYER, Ana Lúcia; PADJIARJIAN, Valéria, 1998.

O fato de mulheres terem filhos ocorre em razão do sexo; o fato de mulheres cuidarem dos filhos ocorre, muitas vezes, em razão do gênero, uma construção social. "É o gênero que vem sendo o principal responsável por determinar o lugar das mulheres na sociedade"[41]. Essa construção social tem forte ligação com a dogmática judaico-cristã, que é fundante das culturas ocidentais do mundo, devido à colonização europeia.

A figura de Eva, a mulher criada a partir da costela de um homem, que levou Adão ao pecado e condenou toda a humanidade, é contraposta à de Maria, a virgem, santa e imaculada, mãe daquele que veio remir todos os pecados do mundo. Esses dois arquétipos ajudaram a moldar o patriarcado como o conhecemos hoje, principalmente durante o período da Caça às Bruxas, quando o ideal de feminilidade foi imposto através do assassinato daquelas mulheres que eram consideradas mais parecidas com Eva

---

[41] LERNER, Gerda, 2023, p. 43.

do que com Maria[42]. À época, Martinho Lutero chegou a ordenar que freiras deixassem a vida monástica para cumprir a "vocação máxima" da mulher; "dar à luz até morrer"[43].

Séculos depois, a suposta inclinação natural da mulher aos cuidados domésticos e dos filhos foi dada como verdade. Em "Emílio - Da Educação", Rousseau, o grande filósofo iluminista, descreveu os ensinamentos dirigidos aos meninos para que estes fossem verdadeiros cidadãos. Em um dos capítulos da obra, o autor apresentou Sofia, par romântico de Emílio, e defendeu que, como todas as garotas, ela deveria aprender a ser uma boa mãe e esposa.

A contradição dessa forma de pensamento foi destacada por Maria Rita Kehl: Sofia estaria naturalmente condicionada ao papel de mãe e esposa, estaria cumprindo sua determinação biológica ao ter filhos e ao cuidar do marido, todavia este papel lhe deveria ser ensinado, assim, a natureza

---

[42] FEDERICI, Silvia, 2019.

[43] CHAKIAN, Silvia, 2019, p. 6-13.

feminina precisaria "ser domada pela sociedade e pela educação para que as mulheres pudessem cumprir o destino ao qual estariam naturalmente designadas"[44].

Essa lógica, não apenas no Brasil, perdura até os dias de hoje. Mesmo que, aqui, com a industrialização, as mulheres tenham ingressado no mercado de trabalho, os trabalhos reprodutivo e doméstico continuam sendo um trabalho feminino, de pouco reconhecimento e muito mal ou não remunerado.

Toda essa carga histórica e cultural, que neste texto foi apenas pincelada, continua sendo reproduzida no cotidiano dos operadores do Direito, como confirma este estudo. Isso se demonstra nos verbetes, tais como: "uma mulher precisa ficar mais tempo com os filhos"; "sem nenhum homem para ampará-la"; "as mulheres são naturalmente inclinadas a cuidar de crianças"; "delegacia não é lugar para mulher"; e "não trabalho sob ordens de mulher mais nova". Ou, ainda, em situações como quando

---

[44] KEHL, Maria Rita, 2016, p. 40.

> “um docente, membro de banca examinadora de dissertação de mestrado, virou-se para a colega examinadora ao lado e disse: ‘vou precisar de sua ajuda para formular a minha pergunta (sobre trade dress) ao candidato: quanto custa uma lata de massa de tomate?’”.

O ideal de feminilidade perpetuado pelo patriarcado relaciona a honestidade e o valor das mulheres com a vida privada e a sua dedicação ao lar e aos filhos. As mulheres “para casar” são as que se comportam como Maria, as outras são desonestas, como Eva, e não são dignas de respeito. Tal lógica teve respaldo jurídico e normativo com a figura da honestidade da mulher e com a tese da Legítima Defesa da Honra, conforme a qual feminicidas poderiam ser absolvidos porque o comportamento das vítimas supostamente justificaria a prática delituosa. Em suma, no patriarcado a mulher deve ser “bela, recatada e do lar”[45].

---

[45] Descrição que a revista Veja deu à Marcela Temer, ex-Primeira-dama do Brasil. Disponível em: [https://veja.abril.com.br/brasil/marcela-temer-bela-recatada-e-do-lar]. Acesso em: 15 dez. 2023.

c. Categoria C – “eu não sou livre enquanto alguma mulher não o for”

A natureza da categoria C, sobre “expressões discriminatórias por razão de gênero, identidade de gênero, orientação sexual, raça, classe, idade e deficiências que, por vezes, apresentam ambiguidades”, diz respeito aos eixos interseccionais de opressão e enseja uma diversidade grande de temas apontados. Mas a maioria dos verbetes e considerações reportam-se a expressões opressivas referentes ao patriarcado e ao racismo. Há em menor quantidade referências à LGBTQIA+fobia e ao etarismo e algumas poucas ao classismo e à xenofobia.

No tema patriarcado, há muitas alusões a expressões que interpretam aspectos biológicos da mulher, tais como TPM e Gravidez, como características nocivas ao profissionalismo e são, via de regra, usados para inferiorizar o gênero feminino.

A análise de estereótipos, discriminações e preconceitos de gênero deve ser feita através das lentes da interseccionalidade, ou seja, da compreensão de que gênero, patriarcado, racismo, classismo, LGBTfobia, etarismo, capacitismo, xenofobia, entre outros, são eixos de opressão que atravessam a realidade de diferentes mulheres[46]. As mulheres, em seus contextos econômicos, sociais e culturais específicos, estão expostas a diferentes relações de poder, sistemas de dominação ou eixos de opressão, e estes não se manifestam isoladamente, mas se sobrepõem e se entrelaçam, potencializando a vulnerabilidade e a ausência de liberdade.

Esses outros sistemas de dominação também influenciam diretamente o cotidiano dos operadores do Direito. Nessa categoria, o relato de uma mulher negra ilustra a maneira como o racismo, o classismo e o patriarcado se comunicam:

> "**Se o veículo que possuo é meu.** Há alguns dias, adolescentes estudantes, com uniforme da escola, chegaram próximo e me perguntaram "esta 'nave' é sua?". No primeiro momento não entendi, até

---

[46] PIMENTEL, Silvia; MENDES, Maria, 2023. p. 70.

> que um outro colega disse, "esse carro, tia, é seu?". E passaram a questionar como eu consegui a 'nave'. Respondi que sempre pensei que o estudo seria o caminho necessário para eu alcançar o conhecimento e o fruto deste. Assim, estudei, me formei e hoje sou advogada e professora do ensino superior. Começaram a aplaudir, então pedi para que gravassem o dia, a hora e meu rosto, "pois ainda nos encontraremos, e vocês dirão": "tia, eu estudei, me formei, sou um grande profissional, e tenho uma 'nave', muito melhor que a sua!"

Os espaços de poder no sistema de justiça são, na sua maioria, ocupados por homens brancos. No entanto, a sub-representação das mulheres nos espaços formais de poder soma-se a sub-representação de outros menorizados. De acordo com o *Diagnóstico Etnico-Racial no Poder Judiciário*, realizado pelo Conselho Nacional de Justiça em 2023[47], apenas 1,7% dos magistrados

---

[47] Disponível em: [www.cnj.jus.br/wp-content/uploads/2023/09/diagnostico-etnico-racial-do-poder-judiciario.pdf]. Acesso em: 15 dez. 2023.

e magistradas brasileiras se autodeclaram negros e 12,8%, pardos. Produto de três séculos de escravização de negros e de uma abolição incompleta, que não deu aos ex-escravizados condições de cidadania, perpetuando o racismo estrutural. "Nesse caso, as relações do cotidiano no interior das instituições vão reproduzir as práticas sociais corriqueiras, dentre as quais o racismo, na forma da violência explícita ou de micro agressões"[48].

Quanto à presença de mulheres, o relatório Justiça em Números, também do CNJ, de 2023[49], revelou que as mulheres compõem 38% do Poder Judiciário, mas estão distribuídas de maneira desproporcional entre as instâncias judiciais: 40% delas são juízas de primeiro grau, 25% são desembargadoras e apenas 18% chegam ao cargo de ministra em algum Tribunal Superior.

---

48 ALMEIDA, Silvio. 2020, p. 48.

49 Disponível em: [www.cnj.jus.br/wp-content/uploads/202308/justica-em-numeros-2023.pdf]. Acesso em: 15 dez. 2023.

Integrantes da comunidade LGBTQIAPN+ também sofrem com a perpetuação da discriminação através da linguagem. Frases como "bicha sem vergonha"; "só podia ser coisa de 'viado'"; "não liga, não: é 'viado'"; "a 'viadagem' está aumentando; sinal dos tempos"; "também o que você esperava de um 'viado'"; "sapatão"; "boiola,"; "travecão" e "essa mulher é tão brava, que só pode ser sapatona", que fazem parte do cotidiano nos corredores dos fóruns, refletem o ódio contra essa população. Pessoas LGBT+ são reiteradamente discriminadas por fugirem da norma padrão de comportamento ou sexualidade do sistema hetero-cis-patriarcal, já que "a heteronormatividade não perpassa só pelos afetos, mas também pela forma de organizarmos nossos corpos no mundo"[50].

No que se refere às mulheres lésbicas, a discriminação é também uma violência patriarcal. Elas, ao se relacionarem afetiva e/ou sexualmente com outras mulheres, estão rejeitando um modo compulsório de vida e, ainda, promovendo um ataque

---

[50] SARMET, Érica, 2018, p. 397.

direto e indireto ao direito masculino de ter acesso às mulheres. Assim, trata-se de verdadeira recusa ao patriarcado e de um ato de resistência[51].

Já as mulheres trans, ao assumirem um gênero diferente daquele designado no nascimento, têm suas existências marcadas por diversas formas cruéis de violência. O dossiê *Assassinatos e Violências contra Travestis e Transexuais Brasileiras*, em 2022[52], apontou que, em um ano, 131 pessoas trans foram assassinadas no Brasil, sem considerar a falta de dados sobre pessoas LGBT+ e as subnotificações governamentais.

Em suma, diferentes eixos de opressão potencializam-se entre si, impedindo a autonomia e a liberdade das mulheres. Como bem sintetiza a célebre frase de Audre Lorde: "eu não sou livre enquanto alguma mulher não o for, mesmo quando as correntes dela forem muito diferentes das minhas".

---

[51] RICH, Adrienne,1993, p. 36.

[52] Disponível em: [https://antrabrasil.files.wordpress.com /2023/01/dossieantra2023.pdf].

d. Categoria D: "como usamos a língua, necessariamente altera o modo como sabemos o que sabemos"

A categoria D: "Reflexões referentes à linguagem discriminatória", foi criada a partir da constatação de haver um número considerável de pessoas que responderam ao formulário sem, contudo, indicarem verbetes, mas apresentando interessantes reflexões específicas sobre a linguagem discriminatória.

Neste grupo temático, há muitas alusões à pseudoneutralidade da linguagem, apontando que é o sexo/gênero masculino o padrão e a referência da pessoa humana.

Note-se, ainda, que apenas um professor do sexo masculino manifestou-se crítico às tentativas feministas no sentido de, através da linguagem, darem visibilidade às mulheres, alegando tratar-se de "maquiagem".

Embora não tenha sido objeto dos quesitos do questionário, houve pouquíssimas menções à linguagem não verbal (gestos, olhares), como um vetor da discriminação de gênero. Aqui as destacamos devido à sua pertinência, pois sugerem reflexões sobre o que não é dito através da palavra, mas por outros modos de dizer e muito importam.

Muitos professores e representantes das instituições do Sistema de Justiça, ao responderem ao formulário, chamaram a atenção para o uso de termos no masculino para se referir ao ser humano. "Sempre 'o': gênero masculino privilegiado: o consumidor, o contratante, o cônjuge"; "o uso excessivo de termos genéricos masculinos para se referir a todos os profissionais (por exemplo, 'juízes' em vez de 'juízes e juízas') pode contribuir para a invisibilidade das mulheres e reforçar a ideia de que os homens são a norma". Essa forma de comunicação reforça o sentimento de não pertencimento, a sub-representação de mulheres em posições de poder e normaliza inverdades e discriminações.

Na norma padrão da língua portuguesa, aquela que segue os preceitos gramaticais, ao nos referirmos a grupos compostos por pelo menos um homem, devemos usar o sujeito no masculino. A linguagem, entretanto, é viva e muda ao longo do tempo, para se adequar às necessidades comunicativas da sociedade, de forma que o "padrão" só existe dentro de um contexto econômico, social, cultural, geográfico e temporal. "Vosmecê" virou "você" e, depois, "cê" ou "vc".

Mesmo respeitando as regras gramaticais vigentes, nada nos impede de usarmos, para nos referir a grupos compostos por pessoas de diferentes gêneros, o masculino e o feminino ou, até mesmo, optarmos por construções linguísticas mais neutras. Por exemplo, no lugar de "alunos", podemos falar "alunas e alunos" ou "discentes". Por meio das escolhas linguísticas que fazemos, podemos incluir ou excluir pessoas do nosso discurso, daí a importância do questionamento sobre o papel da linguagem na comunicação e da busca por alternativas.

O mesmo se aplica no que se refere à acessibilidade da linguagem. No Sistema de Justiça, muitas vezes, o "juridiquês" ocupa tanto espaço na comunicação, que esta se torna inócua. Foi apontado por uma participante da pesquisa que "escrever bem não é sinônimo de ser ininteligível para a maioria da população" e que insistir numa linguagem jurídica obsoleta é elitista e perpetua diferenças de classe.

O que chamamos de norma culta também é construído socialmente. Valorizamos mais algumas formas de expressão e rechaçamos outras, conforme ditam os interesses da classe dominante.

Esse fenômeno de valorização ou desvalorização através da linguagem faz parte do que Pierre Bourdieu chamou de "sistemas simbólicos": "instrumentos de conhecimento e comunicação que exercem um poder estruturante porque são estruturados. O poder Simbólico é um poder de construção da realidade", ou seja, através da comunicação é que, enquanto sociedade, determinamos o "sentido imediato do mundo"[53].

---

[53] BOURDIEU, Pierre, 1989, p. 9.

Esses instrumentos, conforme Bourdieu, têm uma função política de imposição ou de legitimação da dominação, assim, eles

> "contribuem para assegurar a dominação de uma classe sobre outra (violência simbólica) dando o reforço da sua própria força às relações de força que as fundamentam e contribuindo assim, segundo a expressão de Weber, para a 'domesticação dos dominados'"[54].

Questionar os verbetes e as considerações das pessoas entrevistadas, refletir sobre as escolhas linguísticas e gramaticais que são feitas e, por fim, buscar transformar criticamente o uso da própria língua, é imperativo. A linguagem é construção coletiva e, através da comunicação, é possível criar e perpetuar a discriminação ou a libertação.

Em "Ensinando a Transgredir: a educação como prática da liberdade", a feminista bell hooks, tão questionadora dos mecanismos da linguagem, que escolheu ter seu nome sempre escrito em

---

[54] BOURDIEU, Pierre, 1989, p. 11.

letras minúsculas, nos faz "parar para pensar". Nesse livro, a autora parte do trecho do poema "The Burning of Paper Instead of Children", de Adrienne Rich: "esta é a língua do opressor, mas precisamos dela para falar com você", para fazer reflexões sobre a construção da língua inglesa nos Estados Unidos. Ela nos conta sobre as alterações que os negros fizeram no inglês para que aquela "língua do opressor" fosse reinventada e "para que ela falasse além das fronteiras da conquista e da dominação"[55].

No Brasil, o mesmo processo foi chamado, por Lélia Gonzalez, de "pretoguês", a marca da africanização do português falado no Brasil. A autora destaca a importância das contribuições dos negros na construção cultural da língua, enfrentado o "véu ideológico do branqueamento" e suas "classificações eurocêntricas do tipo 'cultura popular', 'folclore nacional' etc., que minimizam a importância da contribuição negra"[56].

---

[55] HOOKS, bell 2017, p. 226.

[56] GONZALEZ, Lelia, 1988, p. 70.

Nesse sentido, cabe retomar bell hooks, quando ela afirma:

> "Agora que o público dos textos e discursos feministas se tornou mais diversificado, é evidente que temos que mudar as maneiras convencionais de pensar sobre a língua, criando espaços onde vozes diversificadas possam falar usando outras palavras (...). Isso significa que, numa palestra ou mesmo numa obra escrita, haverá fragmentos de fala que talvez não sejam acessíveis a todos os indivíduos. **A mudança no modo de pensar sobre a língua e sobre como a usamos necessariamente altera o modo como sabemos o que sabemos.**" (HOOKS, 2017, p. 231) (grifos nossos).

7. A título de conclusão

Concluindo, ressaltamos três aspectos cruciais sobre os quais propomos a quem nos lê especial atenção: a) o gênero masculino como padrão de pessoa humana; b) a "lógica torta" que preside os argumentos que consolidam os estereótipos de gênero e c) o desafio de transformar efetivamente crenças, ideias, valores e comportamentos mediante a linguagem.

a. O gênero masculino como padrão de pessoa humana: O repertório construído evidencia que a linguagem usual e cotidiana é, muitas vezes, discriminatória e violenta, no que diz respeito ao gênero, ao vincular o padrão de ser humano ao padrão do homem, isto é, ao padrão do gênero masculino.

Ilustra bem essa questão e merece destaque a seguinte consideração feita por uma mulher representante das instituições jurídicas:

> "O sistema de justiça, apesar de atualmente já contar com um número grande de mulheres, ainda é majoritariamente masculino. Não obstante existirem homens sabedores da opressão patriarcal, e que por isso não a reproduzem, creio que esses sejam exceção, pois o que vemos é uma maioria masculina oprimindo direta ou indiretamente mulheres."

Não por acaso, a palavra "humanidade" decorre de homo, hominis, em latim, o homem e, remete-nos à bela descrição que Flávio Di Giorgi fez da etimologia: "a incrível aventura de desvendar parte significativa da biografia de cada palavra".

Para superarmos os estereótipos, as discriminações e os preconceitos, avassaladores da nossa cultura, é urgente e necessário que o padrão de ser humano abarque, com equidade, a figura da mulher. Os estereótipos refletem a desigualdade estrutural da violência de gênero contra as mulheres e a violência simbólica presente nos estereótipos da linguagem cotidiana fazem parte dessa complexa estrutura de discriminação.

Você já tinha reparado na violência de gênero decorrente da naturalização do gênero masculino como padrão de pessoa humana?

b. A "lógica torta" que preside os argumentos que consolidam os estereótipos de gênero está presente, muitas vezes, na violência de gênero, através de uma pseudorracionalidade, usada para discriminar e tornar a mulher subalterna, inferior ao homem.

Curioso que essa "lógica torta" de hoje reproduz a "lógica torta" de juristas consagrados em nosso país.

Clóvis Beviláqua, um dos responsáveis pelo então Código Civil, de 1916, ao justificar a chefia da sociedade conjugal masculina, no art. 233, observou:

> "O Código Civil confere, ao marido, a chefia da sociedade conjugal, por uma necessidade de haver quem lhe assuma a direção. Mas desse direito do marido não se infere qualquer superioridade, porquanto não somente ao declarar quais são os deveres comuns dos cônjuges (art. 231) e ao especializar os direitos e deveres da mulher (arts. 240 e ss.), teve o legislador pátrio o cuidado de manter a mulher casada em situação jurídica igual à do seu marido, libertando-a de uma inferioridade que não se compadecia mais com a concepção atual da vida."[57]

---

[57] BEVILÁQUA, Clóvis, 1940.

Ao que. em 1978. já foi questionado:

> "Isso foi escrito em 1917. Há dificuldade em conciliar logicamente algumas ideias expressadas por Clóvis. Como não se inferir "qualquer superioridade", se o homem é o chefe? Como aceitar a asserção de que o legislador pátrio teve o cuidado de manter a mulher casada em situação jurídica igual à do seu marido, se o art. 6. ° do Código a colocava entre os relativamente incapazes?"[58]

Esta Semente de Repertório nos permite observar que, passado um século, mesmo após mudanças legais e jurisprudenciais significativas, bem como no modo de falar e nas palavras usadas, a linguagem cotidiana ainda revela a "lógica torta", que permanece como um perverso e eficaz mecanismo de manutenção da desigualdade entre homens e mulheres.

---

[58] PIMENTEL, Silvia, 1978.

Para exempleficar esse ponto, resgatamos, entre os verbetes apresentados, um contundente exemplo de "lógica torta" apontado por uma representante de instituição jurídica:

> "Uma vez um colega juiz me falou de forma desrespeitosa sobre a licença maternidade - o colega disse que se ele sofresse um acidente e precisasse se afastar, teria prejuízo nas promoções, ao passo que quando eu estivesse em licença maternidade ficaria meses afastada sem sofrer nenhum prejuízo, situação que ele reputava muito injusta. Lembrei que se eu sofresse o acidente, teria o mesmo prejuízo que ele."

Caso perguntássemos aos autores das frases discriminatórias referidas nos verbetes se já pensaram que determinados elogios ou frases podem ser desrespeitosas às mulheres e atentatórias ao princípio constitucional da igualdade, muito provavelmente eles responderiam que não são machistas e que tudo o que falaram era pura brincadeira.

Você percebe o perigo de argumentações jurídicas que, através da lógica torta, justificam a discriminaçãoe a violência de gênero?

c. Desafios de transformar efetivamente crensas, ideias, valores e comportamentos mediante a linguagem: Finalmente, embora sejam perceptíveis avanços significativos na desconstrução de expressões carregadas de estereótipos de gênero, tanto no âmbito acadêmico quanto no profissional da área do Direito, entendemos fundamental trazer à tona a constatação do complexo desafio de transformar efetivamente ações e "verdades", mediante a mudança da linguagem.

O fato de profissionais homens e mulheres terem identificado e apresentado expressões que consideram estereotipadas, mas que, há pouco tempo, eram naturalizadas, sugere uma mudança positiva na mentalidade de parte dos profissionais do Direito, demonstrando que a reflexão sobre linguagem permeia diversas instâncias desses ambientes. Por outro lado, nossa pesquisa revela a persistência de desafios e resistências que se manifestam, nas práticas cotidianas – dos corredores e gabinetes – dos Tribunais, das instituições do sistema de justiça, escritórios de advocacia, mas também nas salas de aula dos cursos de direito. A resistência à desconstrução de estereótipos de gênero e outros revela a complexidade do desafio de alterar padrões socioculturais de conduta historicamente sedimentados.

Em geral, as respostas apresentadas por mulheres nesta pesquisa se mostraram, em alguma medida, mais ricas, com quantidade maior de exemplos de expressões carregadas de estereótipos e, inclusive, trazendo situações vivenciadas por elas mesmas. Isso reflete a ideia de que a pessoa que se encontra na posição de subalternidade (no caso, as mulheres) tem mais condições de identificar as manifestações de opressão. Mostra, ainda, a necessidade de sensibilizar e conscientizar homens – e por suposto mulheres –, de forma que se tornem, também, capazes de identificar a ocorrência de estereótipos, se abstendo de repeti-los, inclusive intervindo criticamente quando presenciam situações discriminatórias.

Em caminho oposto foi a consideração feita por um professor que se manifestou crítico às tentativas de feministas, no sentido de darem visibilidade às mulheres, através da linguagem, alegando tratar-se de mera "maquiagem". Essa fala contraria a proposta-base deste trabalho. Mais uma vez, repetimos a frase: "a linguagem é viva e de construção coletiva." Essa é a mensagem basilar deste trabalho e parte integrante do convite que fazemos às leitoras e aos leitores. Importa mobilizar o coletivo para que as mudanças transbordem a reflexão acadêmica e reflitam, de forma prática, nos corredores e gabinetes da justiça e da universidades.

Nós, mulheres, também somos agentes da história/linguagem e temos legitimidade para criticar, denunciar e recriar construções linguísticas que revelam formas de opressão e marginalização que reproduzem estruturas de poder e desigualdades de gênero, em sua interseccionalidade.

A complicada e íntima relação entre linguagem, poder, ideologia e verdade já inquietou e ainda inquieta muitos intelectuais e políticos. Sabemos que a linguagem pode contribuir para perpetuar tradições opressoras ou para funcionar como libertação, inclusive na perspectiva da equidade de gênero.

Embora seja da máxima importância, não basta revelar os mecanismos discriminatórios e violentos presentes na linguagem, é preciso uma ação conjunta efetiva, no sentido de eliminar crenças, ideias, valores, atitudes e comportamentos discriminatórios.

O grande desafio é transformar os padrões sociais e culturais arraigados há milênios, pois os estereótipos são reproduzidos mecânica e acriticamente, muitas vezes, sem passar pela racionalidade humana.

Não se muda a linguagem por decreto, conforme demonstram as experiências fracassadas dos Index Proibitórios. Este trabalho não pretende ser um Index Proibitório. Apenas um convite à reflexão sobre os rumos do pensar e do agir contemporâneos, bem como um convite à busca da conscientização sobre o papel e o poder da linguagem.

"O Arco e A Lira"[59] explicita poética e lindamente o enorme dilema da linguagem que este trabalho sugere:

> "Todas as sociedades atravessaram essas crises dos próprios fundamentos, que são também e sobretudo, crise do sentido de certas palavras. Frequentemente esquecemos que, como todas as outras criações humanas, os Impérios e os Estados são feitos de palavras: são fatos verbais. No livro XIII de Os Analectos, Tzu-lu pergunta a Confúcio: "Se o Duque De Wei o chamasse para administrar o seu país, qual seria a primeira medida?" O mestre disse: "A reforma da linguagem". Não sabemos onde começa o mal, não sei se nas palavras ou nas coisas, mas, quando as palavras se corrompem e os significados se tornam incertos, o sentido de nossos atos e de nossas obras também é inseguro."

Após essas palavras, as autoras se calam.

---

[59] PAZ, Octavio, 2014. p. 37.

P.S.: Uma das ideias que funda esta pesquisa é da linguagem viva, que enseja a necessidade permanente de atualização dos repertórios de verbetes apurados. Neste sentido, é preciso destacar que a primeira edição deste trabalho ainda não conta com os verbetes apontados por representantes de usuários do sistema jurídico brasileiro, que tenham passado por situação em que o uso de expressões no contexto jurídico tenha causado discriminação. Esta edição primeira também não colheu junto aos estudantes e estagiários de Direito exemplos de linguagem que este grupo considera estereotipada e discriminatória em relação ao gênero. Por isso, consideramos que o levantamento de verbetes junto a esses dois grupos é essencial para o devido aprimoramento do repertório ora iniciado.

A consolidação desse repertório, a ser apresentada em futuras publicações, promete oferecer ferramenta valiosa para a reflexão coletiva sobre a linguagem jurídica, contribuindo para a construção de um ambiente mais igualitário e justo no campo do Direito. Portanto, este estudo não se encerra aqui, mas abre portas para futuras investigações e ações concretas, visando à promoção de uma linguagem jurídica verdadeiramente inclusiva.

Este estudo tem a qualidade de semente, pois traz o desejo das autoras de que se amplie, não só na sua autoralidade com os usuários do sistema de justiça, estudantes e estagiários de Direito. Mas se amplie, também, espacialmente, para o interior do Estado de São Paulo e, quiçá, para as cinco regiões do país, a servir de instrumento para chamar a atenção da população, pela percepção do discurso, da existência e força da cultura do machismo e seus estereótipos.

Uma semente é para germinar, crescer e se espalhar. Depende só da gente: mulheres e homens.

Esta semente, neste livro, foi plantada com a ajuda de muitas mulheres e homens especiais, que colaboraram com a nossa pesquisa. Agradecemos, nominalmente, a todos que ajudaram a fertilizar o solo em que plantamos, ao responderem o formulário que aplicamos:

- Dr. Alexandre de Sá Domingues
- Dr. Carlos José Santos da Silva
- Dr. Claudio Cardoso
- Dr. Claudio Luis Watanabe Escavassini
- Dr. Danilo Gaiotto
- Dr. Emanuel Fonseca Lima
- Dr. Everton Luiz Zanella
- Dr. Fabio Santana
- Dr. Luis Francisco
- Dr. Paulo Henrique de Oliveira Arantes
- Dr. Pedro Andre Picado Alonso
- Dr. Ricardo Ferrari Nogueira
- Dr. Roberto Angotti Júnior
- Dr. Roberto Luiz Corcioli Filho

- Drª. Alice Galhano Pereira da Silva
- Drª. Ana Carolina Della Latta Camargo Belmudes
- Drª. Ana Carolina Lourenço
- Drª. Ana Luisa Porto Borges
- Drª. Angélica de Maria Mello de Almeida
- Drª. Anna Candida Alves Pinto Serrano
- Drª. Barbara Rosenberg
- Drª. Camila Mota Giorgetti
- Drª. Camila Mota Giorgetti
- Drª. Carla Thamu Nascimento de Souza Sampaio
- Drª. Cynthia Torres Cristofaro
- Drª. Daniela de Carvalho Duarte
- Drª. Danielle Camara Takahashi Cosentino Grandinetti

- Drª. Danielle Galhano Pereira da Silva
- Drª. Dione Almeida Santos
- Drª. Erica Regina C. Coimbra
- Drª. Fabiana Dal'Mas
- Drª. Fernanda Massad
- Drª. Fernanda Yumi Furukawa Hata
- Drª. Jamila Jorge Ferrari
- Drª. Julia Cara Giovannetti
- Drª. Liliana Regina de Araujo
- Drª. Marcia Semer
- Drª. Maria Anita Martins Fontes Leichsenring
- Drª. Maria Cecília César Schiesari
- Drª. Maria Isabel Davidoff Enge
- Drª. Maria José G. S. de Oliveira

- Drª. Paula Sant'Anna Machado de Souza
- Drª. Rafaela Caldeira Gonçalves
- Drª. Renata Meirelles Pedreño
- Drª. Silvia Felipe Marzagão
- Drª. Teresa Cristina Cabral Santana
- Drª. Vanessa Therezinha Sousa de Almeida
- Prof. Adalberto Martins
- Prof. Arnaldo Leonel Ramos Junior
- Prof. Claudio Finkelstein
- Prof. Cláudio Ganda
- Prof. Edson Luis Baldan
- Prof. Eduardo Dias S. Ferreira
- Prof. Fábio Ulhoa Coelho
- Prof. José Lourenço

- Prof. Lafayette
- Prof. Luiz Sergio Fernandes de Souza
- Prof. Marcio Pugliesi
- Prof. Marco Antonio Loschiavo Leme de Barros
- Prof. Marcos de Lima Porta
- Prof. Miguel Horvart Junior
- Prof. Motauri Ciocchetti de Souza
- Prof. Paulo Sérgio Feuz
- Prof. Paulo Sergio João
- Prof. Pietro Alarcón
- Prof. Renato Barth Pires
- Prof. Robson Maia Lins
- Prof. Roque Antonio Carrazza
- Prof. Vitor Morais de Andrade

- Prof. Vladmir Oliveira da Silveira
- Prof. Wagner Balera
- Profª. Adriana Ancona de Faria
- Profª. Anna Emilia Cordelli Alves
- Profª. Arlete Inês Aurelli
- Profª. Betina Rizzato Lara
- Profª. Carla Teresa Martins Romar
- Profª. Carlos Roberto Husek
- Profª. Carolina Alves de Souza Lima
- Profª. Clarisse
- Profª. Claudia Haidamus Perri
- Profª. Claudia Villagra
- Profª. Eliana Faleiros Vendramini Carneiro
- Profª. Evani Z M Silva

- Profª. Flavia
- Profª. Flávia Piovesan
- Profª. Gisleine Silva Geraldo
- Profª. Ivete Ribeiro
- Profª. Lucineia Rosa dos Santos
- Profª. Luiza Nagib
- Profª. Mara Regina de Oliveira
- Profª. Maria Eugênia F da Silvia Rudge Leite
- Profª. Maria Helena Marques Braceiro Daneluzzi
- Profª. Mariangela Sarrubbo Fragata
- Profª. Marina Dutra
- Profª. Odete N. C. Queiroz
- Profª. Raecler Baldresca
- Profª. Ritinha Alzira Mendes da Costa Stevenson

- Profª. Solange G. R. Potecasu
- Profª. Suely Ester Gitelman
- Profª. Waléria

Bibliografia

ALMEIDA, Silvio. **Racismo estrutural.** São Paulo: Sueli Carneiro; Pólen, 2019.

BARLETT, Katherine T. Métodos jurídicos feministas. Trad. Alessandra Ramos de Oliveira Harden, Adriana Moellmann e Isabela Marques Santos. In.: **Tecendo fios das Críticas Feministas ao Direito no Brasil II**: direitos humanos das mulheres e violências: os nós de ontem: textos produzidos entre os anos de 1980 e 2000. Ribeirão Preto: FDRP/US, 2020. v. 1.

BEAUVOIR, Simone de. **O segundo sexo:** a experiência vivida. Trad. Sérgio Millet. 3. ed. Rio de Janeiro: Nova Fronteira, 2016.

BEVILÁQUA, Clóvis; BRASIL. **Código civil** (1916). Código civil dos Estados Unidos do Brasil. 6. ed. Rio de Janeiro: Francisco Alves, 1940. v. 1.

BOBBIO, Norberto. **A era dos direitos.** Trad. Carlos Nelson Coutinho. Apresentação de Celso Lafer. Rio de Janeiro: Elsevier, 2004.

BOURDIEU, Pierre. A. **O poder simbólico.** Rio de Janeiro: Editora Bertrand, 1989.

BOURDIEU, Pierre; PASSERON, Jean-Claude. **A reprodução:** elementos para uma teoria do sistema de ensino. 7. Ed. Petrópolis, RJ: Editora Vozes, 2014.

CAMPILONGO, Celso. Prefácio. In. PIMENTEL, Silvia; SCHRITZMEYER, Ana Lúcia P.; PANDJIARJIAN, Valéria. **Estupro:** crime ou cortesia? Abordagem sociojurídica de gênero. Porto Alegre: Sergio Antônio Fabris, Editor, 1998, p. 23-24.

CAPPI, Riccardo. **A maioridade penal nos debates parlamentares:** motivos do controle e figuras do perigo. Belo Horizonte, Letramento, 2017.

CARNEIRO, Sueli. **Dispositivo de racialidade:** a construção do outro como não ser como fundamento do ser. São Paulo: Zahar, 2023.

CHAKIAN, Silvia. **A construção dos direitos das mulheres** - Histórias, limites e diretrizes para uma proteção eficiente. No prelo. Rio de Janeiro: Lumen Juris, 2019.

FACIO MONTEJO, Alda. **Cuando el género suena cambios trae** (una metodología para el análisis de género del fenómeno legal). San José: C.R.: Ilanud, 1992.

FACIO MONTEJO, Alda; FRIES, Lorena. Feminismo, género y patriarcado. In: LA MORADA - **Corporación de Desarrollo de la Mujer.** Genero y Derecho. Santiago de Chile. 1999. Disponível em: [www.observatoriojusticiaygenero.gob.do/documentos/PDF/publicaciones/Lib_genero_derecho.pdf]. Acesso em: 15 dez. 2023.

FEDERICI, Silvia. Trad. SYCORAX, Coletivo. **O Calibã e a Bruxa,** Mulheres, Corpo e Acumulação Primitiva. São Paulo: Elefante, 2019.

GIDDENS, Anthony. **Sociologia.** Trad. Alexandra Figueiredo; Ana Patrícia Duarte Baltazar; Catarina Larga da Silva; Patricia Matos Lisboa: Fundação Calouste Gulbenkian, 2008.

GLASER, Barney; STRAUSS, Anselm. **The discovery of grounded theory**: strategies for qualitative research. New Jersey, Aldine Transaction, 2006.

GONZALEZ, Lélia. A categoria político-cultural de amefricanidade. **Tempo Brasileiro.** Rio de Janeiro, n. 92/93, jan.-jun. 1988b.

HOOKS, bell. **Ensinando a transgredir:** a educação como prática da liberdade. 2. ed. São Paulo: Martins Fontes, 2017.

KEHL, Maria Rita. **Deslocamentos do feminino:** a mulher freudiana na passagem para a modernidade. 2. ed. São Paulo: Boitempo, 2016.

LANCELLOTTI, Julio. **Tinha uma pedra no meio do caminho:** invisíveis em situação de rua. São Paulo: Matrioska, 2021.

LERNER, Gerda. **A criação do patriarcado:** história da opressão das mulheres pelos homens (Portuguese Edition). Editora Cultrix. Edição do Kindle.

MURARO, Rose Marie. Breve Introdução Histórica. In. KRAMER, Henrich; SPRENGER, James. **O martelo das feiticeiras:** Malleus Maleficarum. 20. ed. [reimpressão]. Rio de Janeiro: Rosa dos Tempos, 2009.

OLSEN, Frances. El sexo del derecho. In: RUIZ, Alicia E. C. **Identidad femenina y discurso jurídico** (comp.). Colección Identidad, Mujer y Derecho. Buenos Aires: Editorial Biblos, 2000. Disponível em: [www.derechoshumanos.unlp.edu.ar/assets/files/documentos/el-sexo-del-derecho.pdf]. Acesso em: 15 dez. 2023.

PAZ, Octavio. **O arco e a lira.** 2. ed. São Paulo: Cosac & Naify, 2014.

PEIXOTO, Valdenizia. Violência contra LGBTs no Brasil: premissas históricas da violação no Brasil. **Revista Periódicus**, 1(10), 7-23, 2017.

PIMENTEL, Silvia. A mulher e os direitos humanos. In: SEVERI, Fabiana; WIECKO, Ela; CALASANS, Myllena (Orgs.). **Tecendo fios das críticas feministas ao direito no Brasil II**: direitos humanos das mulheres e violências: os nós de ontem: textos produzidos entre os anos de 1980 e 2000. Ribeirão Preto: FDRP/US, 2020. v. 1.

PIMENTEL, Silvia. **Evolução dos direitos da mulher**: norma, fato, valor. São Paulo: Ed. RT, 1978.

PIMENTEL, Silvia; BIANCHINI, Alice. **Feminismo(s).** São Paulo: Matrioska, 2021.

PIMENTEL, Silvia; MENDES, Maria. **Estereótipos de gênero:** como são julgados os crimes de estupro e demais violências sexuais contra as mulheres. São Paulo: Matrioska, 2023.

PIMENTEL, Silvia.; SCHRITZMEYER, Ana Lúcia; PANDJIARJIAN, Valéria. **Estupro:** crime ou "cortesia"? Abordagem sociojurídica de gênero.

Porto Alegre: Sergio Antonio Fabris Editor, 1998.

PIOVESAN, Flávia. **Tratado de direitos humanos.** 10. ed. São Paulo: Saraiva, 2017.

RICH, Adrienne. **Heterossexualidade compulsória e existência lésbica.** Trad. Carlos Guilherme do Valle, 1993. Disponível em: em: [https://periodicos.ufrn.br/bagoas/article/view/2309/1742]. Acesso em: 15 dez. 2023.

RUBIN, Gayle. **O tráfico de mulheres:** notas sobre a "Economia Política" do Sexo. 2012. Disponível em: https://edisciplinas.usp.br/pluginfile.php/1740519/mod_resource/content/1/Gayle%20Rubin_trafico_texto%20traduzido%20%286%29.pdf. Acesso em: 07. Mar. 2024.

SARMET, Érica. Feminismo lésbico. In: HOLLANDA, Heloisa Buarque. **Explosão feminista.** Arte, Cultura, Política e Universidade. São Paulo: Companhia das Letras, 2018.

SAFFIOTI, Heleieth, **O poder do macho.** São Paulo: Moderna, 1987.

SAFFIOTI, **Heleieth, Gênero, patriarcado e violência.** São Paulo: Expressão Popular: Fundação Perseu Abramo, 2015.

TELES, Maria Amélia. **Feminismos, ações e histórias de mulheres.** São Paulo: Alameda, 2023.

Anexos I